董浩/著

LANGUAGE TRAINING

董浩叔叔
用文字和声音的方式
继续陪伴小朋友一起成长

董浩叔叔语言的训练②

LANGUAGE TRAINING

现代教育出版社
Modern Education Press

图书在版编目（CIP）数据

董浩叔叔语言的训练. ② / 董浩著. -- 北京：现代教育出版社，2018.2

　ISBN 978-7-5106-6034-4

Ⅰ．①董… Ⅱ．①董… Ⅲ．①语言艺术—少儿读物
Ⅳ．①H019-49

中国版本图书馆CIP数据核字(2018)第029883号

书　　　名	董浩叔叔语言的训练②	
著　　　者	董　浩	
策　　　划	张国利　范书义　慧　馨	
责任编辑	王海平	
顾　　　问	尚晓燕	
绘　　　画	Kino	
封面设计	中视国利设计	
出版发行	现代教育出版社　邮编 100011	
地　　　址	北京市朝阳区安华里504号E座	
电　　　话	010-64252230（编辑部）010-52854999（客服中心）	
印　　　刷	北京铄柠印刷有限公司	
开　　　本	787 mm×1092 mm　1/16	
印　　　张	9	
字　　　数	90千字	
版　　　次	2018年2月第1版	
印　　　次	2018年2月第1次印刷	
书　　　号	ISBN 978-7-5106-6034-4	
定　　　价	68.00元	

教授青少年儿童进行语言技能训练是一件困难的事情，难点并不在内容的选择或体例的安排，而是课程的针对性。也就是说，按照这套教材来训练，到底能解决哪些问题。根据我们的调查，当前青少年儿童语言表达的问题主要表现在以下三个方面：一是不敢说，即害怕当众说话，尤其是站到台上；二是不会说，说不清楚，说不生动；三是不能说，即说话缺乏逻辑，不同的场合不知如何应变。帮助孩子敢说、会说、能说，训练孩子能够自如地进行人际交流，并有信心当众说话就是编写这套教材的目的。

这套书共分三册，对应三个核心——"敢说、会说、能说"。根据这三个核心分别设置了不同的目标。

第一册的培养目标：

第一章解决状态。通过状态的练习，进行一次自我的解放，了解自身的天性，从彻底放松到学会自我调动，为之后的学习打牢基础，同时提高情绪的自我管控能力。

第二章说好故事。说好故事，我们先从最基本的观察生活开始，然后进行递进练习，从词语的串联到思维的训练，经过一步步踏实的练习之后，我们就可以畅所欲言地说想说的故事了。

第三章不同文体的语言表达（上）。通过寓言童话、诗歌散文和短篇小说来丰富自己的语言表达能力，学会在不同文体之间自由转换，融会贯通地运用播讲技巧。

第二册的培养目标：

第四章不同文体的语言表达（下）。通过名著节选和经典片段（难度系数比上半部分要高，是基础练习的延伸），提高青少年儿童的想象力和逻辑思维能力，同时，把自己对于人生的观点以及理解等，顺其自然地融入朗诵练习，从而让每一次表达都成为独一无二的创作。

第五章吐字发音。以董浩叔叔从业多年的心得体会，把专业知识中最重要的部分提炼出来，尽量用一种通俗易懂的方式展现给大家。通过学习，练习好基本功，掌握吐字发音的窍门；通过这一章的字、词、绕口令的练习，能够说标准规范的普通话，当众表达更有信心。

第六章诗歌朗诵。从格律诗、古体诗、词和现代自由体诗歌四个部分研习关于诗歌朗诵的步骤和技巧。"腹有诗书气自华",在提高青少年儿童自身修养的同时,进一步激发孩子的自信心,为下一册的"主持、演讲"打好基础。

第三册的培养目标:

第七章个性化的培养。董浩叔叔的绝招"点诵",让我们的朗诵水平跨上一个新的台阶。演讲与辩论的学习,让我们说话更具有吸引力和感染力,能自如地在大众面前讲话,能对某件事情发表有说服力的演讲和评论。

第八章播音主持专业的基本功。这一章从主持人内在素养和播音主持使用技巧出发,让我们更加了解主持这一专业。另外以附加练习的方式,让我们能够初步掌握各类主持技巧。

第九章如何成为一名优秀的主持人。介绍把主持人的个性与节目内容完美结合,形成节目理想的风格和特点。

目录

朋友们，很开心你已经完成了第一册的基础训练。我把"名著节选"和"经典片段"放在本册，一方面是因为这两个部分是基础练习的延伸，更加具备挑战性，另一方面也希望在正式开启第二册的练习之前，我们能够通过这样的方式对之前学习的内容进行回顾和总结。

作为第二册的进阶练习，我会从更专业的角度，和大家一起研习朗诵的发音与发声状态，分享诗歌朗诵的心得以及演讲辩论的技巧。关于吐字发音的基础知识，也许你会提出疑问："董浩叔叔，既然吐字发音是基础知识，为什么你不把它放在语言训练的第一册呢？"其实关于这个问题我也认真考虑过，但想到这是为小朋友精心准备的内容，所以我希望在训练的开始让大家达到解放天性的状态，不想束缚各位。每一个人都是独一无二的，每一次有灵魂的表达都值得尊重，从对的状态逐步走向规范的过程，我想这会是一个更加可取、更为科学的方式。

第四章

不同文体的语言表达（下）

名著节选

练习提示：《老人与海》是海明威的一部中篇小说。本文节选的是小说的高潮部分，描写的是老渔夫 84 天都没捕到一条鱼，但他仍不肯认输，充满斗志，终于在第 85 天钓到一条大鱼，与鱼展开两天两夜的决斗后精疲力竭但最终取得胜利的场面。首先让孩子们扮演老人这一角色，体会老人的心情，之后再进行有声语言创作，更加贴近人物的形象。

老人与海

海明威

那老人再一次扛起他的桨朝海边走去，这时候远处的地平线刚刚出现了白色。借着微弱的天光，老人理了理他的鱼钩、鱼叉和张绕在桅杆上的旧帆。

已经第85天了，一条鱼也没有打到呀。我好像已经老了，开始背运了。可我的胳膊倒还是有着劲儿。

他慢慢地升起那张补过几次的旧帆，那帆看上去就像一面永远不会失败的旗帜。

太阳升起来了，太阳刺痛了我的眼睛，耀眼的阳光，已经把我的眼睛刺痛了一辈子了。我感到有点老了，有点力不从心了。可年轻的时候，我是个好水手。

不知过了多久，老人发现，那绿色浮杆急速地往水里沉去，他拉了拉鱼绳，感到了沉重的分量。

我钩住的是一条什么样的鱼？它几岁了？我还从来没有见过鱼有这么大的劲儿呢，它只要一跳，或者往前一窜，也许会要了我的命。

太阳落下去了，夜晚来临，老人感到寒冷。他望着满天的星星，他的那盏哈瓦那鱼灯也不像从前那么亮了。那条鱼拖着老人的船在海上游了一夜。他没想到，等待一场搏斗需要这么长时间。第二天，当太阳再一次升起，老人又冷又饿，疲惫不堪。

我已经感到了你的力量，让我们面对面地斗一斗吧。我和你谁也没有帮手，这很公平。来吧，来吧，让我看看你是谁？我知道你是谁，用你的大尾巴来拍碎我的船，用你那坚硬的长尾来刺穿我的身体吧，我早已经做好了准备，我不会后悔死在一条金枪鱼的手里。

当夜晚再一次降临，老人筋疲力尽。

它不会有那么大，不会的。

它就是那么大，大得出乎老人的意料。老人看见鱼的尾巴从水里露了出来，满身紫色条纹，它伸展着巨大的胸鳍，围着小船打转转，老人看见了它的眼睛。

我只有一次机会，这是生死搏斗，不是我杀死它，就是它撕碎我。

老人觉得自己快要撑不住了，他用软绵的双手努力握紧他的鱼叉，将鱼叉举过头顶，他把鱼叉举到了不可能再高的高度。

来吧，冲着这儿来吧，老兄，我还从来没有见过比你更大、更美、更沉着的鱼呢。来吧，我们都快死了，让我们看看究竟谁杀死谁？

那条大鱼挣扎着向老人的小船冲过来。他游得那么快，那么有力，坚硬的长尾，就像一把利剑。

哎——

老人拼尽他最后的生命，将鱼叉扎入了大鱼胸鳍后面的鱼腰里，那鳍挺在空中高过老人的胸膛，老人扎中了大鱼的心脏。大鱼生机勃勃地做了一次最后挣扎，它跳出水面，跃向空中，把它的长、它的宽、它的威力和它全部的美都展现出来。尔后，轰隆一声落入水中。

哼哼哼，哈哈哈哈哈，啊，哈哈哈哈哈！啊！哈哈哈哈哈哈！

老人赢了，他战胜了自己，战胜了那条大鱼，那条他一生都没有见过的美丽的大鱼。那条鱼比老人的小船长出许多，老人用了最瘫痪的躯体，费了很长的时间，才把小船拴在大鱼的身上。他不知道，应该让鱼带着他走，还是他带着鱼走。这时候，一群无所畏惧的鲨鱼正嗅着血迹，朝这里涌来。成群结队的鲨鱼向老人的战利品——那条系在船边的大鱼，发起了猛攻。那撕咬鱼肉的声音，使老人再一次战栗起来。他重新举起鱼叉，悲壮地站在船头，他决心捍卫他的战利品，就像捍卫他的荣誉。

这不公平，你们这群厚颜无耻的强盗，真会选择时机。可我不怕你们，我不怕你们，我不怕你们！人，并不是生来就要给打败的，你可以消灭他，可就是打不败他，你们打不败他！

当老人终于回到他出海时的那个港口，天空第三次黑暗下来。他的船边只剩下大鱼粗长的白色脊背，夜晚的潮水遥望着那条美丽、硕大的尾巴。老人无力上岸回到他的小屋，就在船上躺下了，头枕着那张补过几次的旧帆。

人，并不是生来要给打败的，你可以消灭他，可就是打不败他。打不败他！

老人睡着了，他梦见了年轻时候的非洲，他梦见了狮子。

延展练习：《海燕》是高尔基著名的散文诗。孩子在老师或家长的带领下，认真分析体会"海燕"这一形象的象征意义、作者想要表达的思想感情，理解透彻后再进行有声语言创作。

海　燕

高尔基

在苍茫的大海上，狂风卷集着乌云。在乌云和大海之间，海燕像黑色的闪电，在高傲地飞翔。

　　一会儿翅膀碰着波浪，一会儿箭一般地直冲向乌云，它叫喊着，——就在这鸟儿勇敢的叫喊声里，乌云听出了欢乐。

　　在这叫喊声里——充满着对暴风雨的渴望！在这叫喊声里，乌云听出了愤怒的力量、热情的火焰和胜利的信心。

　　海鸥在暴风雨来临之前呻吟着，——呻吟着，在大海上面飞窜，想把自己对暴风雨的恐惧，掩藏到大海深处。

　　海鸭也在呻吟着，——它们这些海鸭啊，享受不了生活的战斗的欢乐：轰隆隆的雷声就把它们吓坏了。

　　蠢笨的企鹅，胆怯地把肥胖的身体躲藏到悬崖底下……只有那高傲的海燕，勇敢地，自由自在地，在泛起白沫的大海上飞翔！

　　乌云越来越暗，越来越低，向海面直压下来，而波浪一边歌唱，一边冲向高空，去迎接那雷声。

　　雷声轰响。波浪在愤怒的飞沫中呼叫，跟狂风争鸣。看吧，狂风紧紧抱起一层层巨浪，恶狠狠地把它们甩到悬崖上，把这些大块的翡翠摔成尘雾和碎沫。

　　海燕叫喊着，飞翔着，像黑色的闪电，箭一般地穿过乌云，翅膀掠起波浪的飞沫。

看吧，它飞舞着，像个精灵——高傲的、黑色的暴风雨的精灵，——它在大笑，它又在号叫……它笑那些乌云，它因为欢乐而高叫！

这个敏感的精灵，它从雷声的震怒里，早就听出了困乏，它深信，乌云遮不住太阳，——是的，遮不住的！

狂风吼叫……雷声轰响……

一堆堆乌云，像青色的火焰，在无底的大海上燃烧。大海抓住闪电的剑光，把它们熄灭在自己的深渊里。这些闪电的影子，活像一条条火蛇，在大海里蜿蜒浮动，一晃就消失了。

——暴风雨！暴风雨就要来啦！

这是勇敢的海燕，在怒吼的大海上，在闪电中间，高傲地飞翔；这是胜利的预言家在叫喊：

——让暴风雨来得更猛烈些吧！

练习提示：《三打白骨精》节选自中国古典文学四大

名著之一《西游记》，讲述唐僧师徒四人去西天取真经的路上，白骨精数次幻化为人行骗，都被孙悟空识破，打回原形的故事。唐僧稳重善良，内心柔和；孙悟空勇敢果断，本领高强。仔细揣摩人物形象和故事情节，三人一组完成演绎。

三打白骨精

吴承恩

一天，唐僧师徒四人来到一座高山前，只见山势险峻，峰岩重叠。走了一天的路，唐僧感觉饥饿，就让孙悟空去找些吃的。悟空跳上云端，四处观看，见南山有熟透的山桃，便要摘些来给师父充饥。

悟空刚走，唐僧就被妖怪白骨精发现了。白骨精不胜欢喜，自言自语道："造化！造化！都说吃了唐僧肉可以长生不老。今天机会来了！"它正要上前，见唐僧身边有猪八戒和沙僧保护，就摇身变作美貌的村姑，拎了一罐斋饭，径直走到唐僧面前，说是特地来请他们用斋的。唐僧一再推辞，八戒嘴馋，夺过罐子就要动口。

正在这时，悟空从南山摘桃回来，睁开火眼金睛一看，认出村姑是个妖精，举起金箍棒当头就打。唐僧连忙扯住悟空。悟空说："它是个妖精，是来骗你的。"说着，就朝妖精劈脸一棒。妖精扔下一具假尸首，化作一缕轻烟逃走了。

唐僧责怪悟空无故伤人性命。悟空打开罐子，从里面跳出来几只青蛙、癞蛤蟆，根本没有什么斋饭。唐僧这才有些相信那村姑是妖怪。

师徒们吃了桃子继续赶路。山坡上闪出一个年满八旬的老妇人，手拄着弯头竹杖，一步一声地哭着走来。悟空见又是那妖精变的，也不说话，当头就是一棒。白骨精见棍棒落下，又用法术脱了身，丢了具假尸首在路上。

唐僧一见，惊得从马上摔下来，坐在地上，不由分说，一口气念了二十遍紧箍咒。悟空头痛难忍，连忙哀告。唐僧喝道："你为何不听劝说，把人打死一个，又打死一个？""它是妖精！"唐僧非常生气："胡说！哪有那么多妖精！你无心向善，有意作恶，你去吧！"悟空说："师父若真不要我，就请退下我头上的金箍儿！"唐僧大惊："我只学过紧箍咒，却没有什么松箍咒！"悟空说："若无松箍咒，你还带我走吧。"唐僧无奈："我再饶你这一次，但不可再行凶了。"

悟空忙点头答应，扶着唐僧上了马，继续前行。

　　白骨精不甘心就这样让唐僧走了，又变成一个白发老公公，假装来找他的妻子和女儿。悟空把金箍棒藏在身边，走上前迎着妖精，笑道："你瞒得了别人，瞒不过我！我认得你这个妖精。"悟空抽出金箍棒，怕师父念咒语，没有立刻动手，暗中叫来众神，吩咐道："这妖精三番两次来蒙骗我师父，这一次定要打死它。你们在半空中作证。"众神都在云端看着。悟空抡起金箍棒，一棒打死了妖精。妖精化作一堆骷髅，脊梁上有一行字，写着白骨夫人。

　　延展练习：《小圣施威降大圣》同样可采取角色扮演的方式进行练习，要注意的是文中叙述式的开头语气要干脆，不要拖泥带水，懂得因势而变。

小圣施威降大圣

吴承恩

　　却说真君与大圣变作法天象地的规模，正斗时，大圣忽见本营中妖猴惊散，自觉心慌，收了法象，掣棒抽身就走。真君见他败走，大步赶上道："那里走？趁早归降，饶你性命！"大圣不恋战，只情跑起。将近洞口，正撞着康、张、姚、李四太尉，郭申、直健二将军，一齐帅众挡住道："泼猴，那里走！"大圣慌了手脚，就把金箍棒捏作绣花针，藏在耳内，摇身一变，变作个麻雀儿，飞在树梢头钉住。那六兄弟，慌慌张张，前后寻觅不见，一齐吆喝道："走了这猴精也，走了这猴精也！"

正嚷处，真君到了问："兄弟们，赶到那厢不见了？"众神道："才在这里围住，就不见了。"二郎圆睁凤目观看，见大圣变了麻雀儿，钉在树上，就收了法象，撇了神锋，卸下弹弓，摇身一变，变作个饿鹰儿，抖开翅，飞将去扑打。大圣见了，嗖的一翅飞起去，变作一只大鹚老，冲天而去。二郎见了，急抖翎毛，摇身一变，变作一只大海鹤，钻上云霄来嗛。大圣又将身按下，入涧中，变作一个鱼儿，淬入水内。二郎赶至涧边，不见踪迹，心中暗想道：这猢狲必然下水去也，定变作鱼虾之类。等我再变变拿他。果一变变作个鱼鹰儿，飘荡在下溜头波面上。等待片时，那大圣变鱼儿，顺水正游，忽见一只飞禽，似青鹚，毛片不青；似鹭鸶，顶上无缨；似老鹳，腿又不红："想是二郎变化了等我哩！"急转头，打个花就走。二郎看见道："打花的鱼儿，似鲤鱼，尾巴不红；似鳜鱼，花鳞不见；似黑鱼，头上无星；似鲂鱼，鳃上无针。他怎么见了我就回去了，必然是那猴变的。"赶上来，刷地啄一嘴。那大圣就窜出水中，一变，变作一条水蛇，游近岸，钻入草中。二郎因嗛他不着，他见水响中，见一条蛇蹿出去，认得是大圣，急转身，又变了一只朱绣顶的灰鹤，伸着一个长嘴，与一把尖头铁钳子相似，径来吃这水蛇。水蛇跳一跳，又变作一只花鸨，木木樗樗的，立在蓼汀之上。二郎见他变得低贱，故此不去拢傍，即现原身，走将去，取过弹弓拽满，一弹子把他打个趔趄。

那大圣趁着机会，滚下山崖，伏在那里又变，变了一座土地庙儿，大张着口，似个庙门，牙齿变作门扇，舌头变作菩萨，眼睛变作窗棂。只有尾巴不好收拾，竖在后面，变作一根旗杆。真君赶到崖下，不见打倒的鸨鸟，只有一间小庙，急睁凤眼，仔细看之，见旗杆立在后面，笑道："是这猢狲了！他今又在那里哄我。我也曾见庙宇，更不曾见一个旗杆竖在后面的。断是这畜生弄喧！他若哄我进去，他便一口咬住。我怎肯进去？等我掣拳先捣窗棂，后踢门扇！"大圣听得，心惊道："好狠，好狠！门扇是我牙齿，窗棂是我眼睛。若打了牙，捣了眼，却怎么是好？"扑的一个虎跳，又冒在空中不见。

　　真君前前后后乱赶，只见四太尉、二将军一齐拥至道："兄长，拿住大圣了么？"真君笑道："那猴儿才自变座土地庙哄我，我正要捣他窗棂，踢他门扇，他就纵一纵，又渺无踪迹。可怪，可怪！"众皆愕然，四望更无形影。真君道："兄弟们在此看守巡逻，等我上去寻他。"急纵身驾云起在半空，见那李天王高擎照妖镜，与哪吒伫立云端，真君道："天王，曾见那猴王么？"天王道："不曾上来。我这里照着他哩。"真君把那赌变化、弄神通、拿群猴一事说毕，却道："他变庙宇，正打处，就走了。"李天王闻言，又把照妖镜四方一照，呵呵笑道："真君，快去，快去！那猴使了个隐身法，走去营围，往你那灌江口去也。"二郎听说，即取神锋，回灌江口来赶。

　　却说那大圣已至灌江口，摇身一变，变作二郎爷爷的模样，按下云头，径入庙里，鬼判不能相认，一个个磕头迎接。他坐中间，点查香火，见李虎拜还的三牲，张龙许下的保福，赵甲求子的文书，钱丙告病的良愿。正看处，有人报："又一个爷爷来了。"众鬼判急急观看，无不惊心。真君却道：

"有个什么齐天大圣，才来这里否？"众鬼判道："不曾见什么大圣，只有一个爷爷在里面查点哩。"真君撞进门，大圣见了，现出本相道："郎君不消嚷，庙宇已姓孙了。"这真君即举三尖两刃神锋，劈脸就砍。那猴王使个身法，让过神锋，掣出那绣花针儿，晃一晃，碗来粗细，赶到前，对面相还。两个嚷嚷闹闹，打出庙门，半雾半云，且行且战，复打到花果山，慌得那四大天王等众提防愈紧。这康、张太尉等迎着真君，合心努力，把那美猴王围绕不题。

经典片段

练习提示：《火烧云》选自《呼兰河传》中的一段文字。文章以轻松活泼的语言，生动形象地描绘了火烧云的绚丽多姿和变幻莫测。在进行朗诵练习时，可把文字想象成一幅幅画，感受火烧云的美丽。

火烧云

萧　红

晚饭过后，火烧云上来了。霞光照得小孩子的脸红红的。大白狗变成红的了，红公鸡变成金的了，黑母鸡变成紫檀色的了。喂猪的老头儿在墙根靠着，笑盈盈地看着他的两头小白猪变成小金猪了。他刚想说："你们也变了……"旁边走来个乘凉的人对他说："您老人家必要高寿，您老是金胡子了。"

天上的云从西边一直烧到东边，红彤彤的，好像是天空着了火。

这地方的火烧云变化极多，一会儿红彤彤的，一会儿金灿灿的，一会儿半紫半黄，一会儿半灰半百合色。葡萄灰、梨黄、茄子紫，这些颜色天空都有，还有些说也说不出来、见也没见过的颜色。

一会儿，天空出现一匹马，马头向南，马尾向西。马是跪着的，像等人骑上它的背，它才站起来似的。过了两三秒钟，那匹马大起来了，腿伸开了，脖子也长了，尾巴可不见了。看的人正在寻找马尾巴，那匹马变模糊了。

忽然又来了一条大狗。那条狗十分凶猛，在向前跑，后边似乎还跟着好几条小狗。跑着跑着，小狗不知哪里去了，大狗也不见了。

接着又来了一头大狮子，跟庙门前的石头狮子一模一样，也那么大，也那样蹲着，很威武很镇静地蹲着。可是一转眼就变了，再也找不着了。

一时恍恍惚惚的，天空里又像这个，又像那个，其实什么也不像，什么也看不清了。必须低下头，揉一揉眼睛，沉静一会儿再看。可是天空偏偏不等待那些爱好它的孩子。一会儿工夫，火烧云下去了。

延展练习：从《从百草园到三味书屋》题目中就可以看出来，本文描写了两个不同的场景，一个是百草园，另一个是三味书屋。品味二者之间的色调和韵味的不同，从而更好地把握这篇回忆性散文背后反映的童年生活的妙趣。

从百草园到三味书屋

鲁迅

我家的后面有一个很大的园，相传叫作百草园。现在是早已并屋子一起卖给朱文公的子孙了，连那最末次的相见也已经隔了七八年，其中似乎确凿只有一些野草；但那时却是我的乐园。

不必说碧绿的菜畦，光滑的石井栏，高大的皂荚树，紫红的桑椹；也不必说鸣蝉在树叶里长吟，肥胖的黄蜂伏在菜花上，轻捷的叫天子（云雀）忽然从草间直窜向云霄里去了。单是周围的短短的泥墙根一带，就有无限趣味。油蛉在这里低唱，蟋蟀们在这里弹琴。翻开断砖来，有时会遇见蜈蚣；还有斑蝥，倘若用手指按住它的脊梁，便会啪的一声，从后窍喷出一阵烟雾。何首乌藤和木莲藤缠络着，木莲有莲房一般的果实，何首乌有臃肿的根。有人说，何首乌根是有像人形的，吃了便可以成仙，我于是常常拔它起来，牵连不断地拔起来，也曾因此弄坏了泥墙，却从来没有见过有一块根像人样。如果不怕刺，还可以摘到覆盆子，像小珊瑚珠攒成的小球，又酸又甜，色味都比桑椹要好得远。

长的草里是不去的，因为相传这园里有一条很大的赤练蛇。

长妈妈曾经讲给我一个故事听：先前，有一个读书人住在古庙里用功，晚间，在院子里纳凉的时候，突然听到有人在叫他。答应着，四面看时，却见一个美女的脸露在墙头上，向他一笑，隐去了。他很高兴；但竟给那走来夜谈的老和尚识破了机关。说他脸上有些妖气，一定遇见"美女蛇"了；这是人首蛇身的怪物，能唤人名，倘一答应，夜间便要来吃这人的肉的。他自然吓得要死，而那老和尚却道无妨，给他一个小盒子，说只要放在枕边，便可高枕而卧。他虽然照样办，却总是睡不着，——当然睡不着的。到半夜，果然来了，沙沙沙！门外像是风雨声。他正抖作一团时，却听得豁的一声，一道金光从枕边飞出，外面便什么声音也没有了，那金光也就飞回来，敛在盒子里。后来呢？后来，老和尚说，这是飞蜈蚣，它能吸蛇的脑髓，美女蛇就被它治死了。

结末的教训是：所以倘有陌生的声音叫你的名字，你万不可答应他。

这故事很使我觉得做人之险，夏夜乘凉，往往有些担心，不敢去看墙上，而且极想得到一盒老和尚那样的飞蜈蚣。走到百草园的草丛旁边时，也常常这样想。但直到现在，总还没有得到，但也没有遇见过赤练蛇和美女蛇。叫我名字的陌生声音自然是常有的，然而都不是美女蛇。

冬天的百草园比较的无味；雪一下，可就两样了。拍雪人（将自己的全形印在雪上）和塑雪罗汉需要人们鉴赏，这是荒园，人迹罕至，所以不相宜，只好来捕鸟。薄薄的雪，是不行的；总须积雪盖了地面一两天，鸟雀们久已无处觅食的时候才好。扫开一块雪，露出地面，用一支短棒支起一面大的竹筛来，下面撒些秕谷，棒上系一条长绳，人远远地牵着，看鸟雀下来啄食，走到竹筛底下的时候，将绳子一拉，便罩住了。但所得的是麻雀居多，也有白颊的"张飞鸟"，性子很躁，养不过夜的。

这是闰土的父亲所传授的方法，我却不大能用。明明见它们进去了，拉了绳，跑去一看，却什么都没有，费了半天力，捉住的不过三四只。闰土的父亲是小半天便能捕获几十只，装在叉袋里叫着撞着的。我曾经问他得失的缘由，他只静静地笑道："你太性急，来不及等它走到中间去。"

我不知道为什么家里的人要将我送进书塾里去了，而且还是全城中称为最严厉的书塾。也许是因为拔何首乌毁了泥墙罢，也许是因为将砖头抛到间壁的梁家去了罢，也

许是因为站在石井栏上跳下来罢，……都无从知道。总而
言之：我将不能常到百草园了。Ade，我的蟋蟀们！Ade，
我的覆盆子们和木莲们！

出门向东，不上半里，走过一道石桥，便是我的先生
的家了。从一扇黑油的竹门进去，第三间是书房。中间挂
着一块扁道：三味书屋。扁下面是一幅画，画着一只很肥
大的梅花鹿伏在古树下。没有孔子牌位，我们便对着那扁
和鹿行礼。第一次算是拜孔子，第二次算是拜先生。

第二次行礼时，先生便和蔼地在一旁答礼。他是一个
高而瘦的老人，须发都花白了，还戴着大眼镜。我对他很
恭敬，因为我早听到，他是本城中极方正、质朴、博学的人。

不知从哪里听来的，东方朔也很渊博，他认识一种虫，
名曰"怪哉"，冤气所化，用酒一浇，就消释了。我很想
详细地知道这故事，但阿长是不知道的，因为她毕竟不渊博。
现在得到机会了，可以问先生。

"先生，'怪哉'这虫，是怎么一回事？……"我上
了生书，将要退下来的时候，赶忙问。

"不知道！"他似乎很不高兴，脸上还有怒色了。

我才知道做学生是不应该问这些事的，只要读书，因
为他是渊博的宿儒，决不至于不知道，所谓不知道者，乃

是不愿意说。年纪比我大的人，往往如此，我遇见过好几回了。

我就只读书，正午习字，晚上对课。先生最初这几天对我很严厉，后来却好起来了，不过给我读的书渐渐加多，对课也渐渐地加上字去，从三言到五言，终于到七言。

三味书屋后面也有一个园，虽然小，但在那里也可以爬上花坛去折腊梅花，在地上或桂花树上寻蝉蜕。最好的工作是捉了苍蝇喂蚂蚁，静悄悄的没有声音。然而同窗们到园里的太多，太久，可就不行了，先生在书房里便大叫起来：

"人都到哪里去了？"

人们便一个一个陆续走回去；一同回去，也不行的。他有一条戒尺，但是不常用，也有罚跪的规矩，但也不常用，普通总不过瞪几眼，大声道：

"读书！"

于是大家放开喉咙读一阵书，真是人声鼎沸。有念"仁远乎哉我欲仁斯仁至矣"的，有念"笑人齿缺曰狗窦大开"的，有念"上九潜龙勿用"的，有念"厥土下上上错厥贡苞茅橘柚"的……先生自己也念书。后来，我们的声音便低下去，静下去了，只有他还大声朗读着：

　　"铁如意，指挥倜傥，一座皆惊呢；金叵罗，颠倒淋漓噫，千杯未醉嗬……"

　　我疑心这是极好的文章，因为读到这里，他总是微笑起来，而且将头仰起，摇着，向后面拗过去，拗过去。

　　先生读书入神的时候，于我们是很相宜的。有几个便用纸糊的盔甲套在指甲上做戏。我是画画儿，用一种叫作"荆川纸"的，蒙在小说的绣像上一个个描下来，像习字时候的影写一样。读的书多起来，画的画儿也多起来；书没有读成，画儿的成绩却不少了，最成片段的是《荡寇志》和《西游记》的绣像，都有一大本。后来，因为要钱用，卖给一个有钱的同窗了。他的父亲是开锡箔店的；听说现在自己已经做了店主，而且快要升到绅士的地位了。这东西早已没有了罢。

九月十八日

　　在本章快要结束的时候，为了让大家尝试练习更多不同风格的文体，所以又选择了郁达夫和史铁生的散文，以及《傅雷家书》中的两封书信。

　　针对郁达夫的《故都的秋》，大家先想想自己对于秋天的理解、感受和情感，可以尝试即兴表达出来，然后再来分析作者笔下的秋天，对比异同，从而更好地理解郁达夫当时的心境。对于史铁生的《合欢树》，大家可以思考这样一个问题："如果谈到自己的妈妈，我联想到的会是什么呢？"带着这样的问题来准备这篇散文的朗诵。对于《傅雷家书》，大家可以先和自己的父亲交流一下，然后尝试着贴近父亲的形象进行表达，并且对于傅雷和傅聪生活的时代背景也要做相应的了解，力求更加准确。

故都的秋

郁达夫

　　秋天，无论在什么地方的秋天，总是好的；可是啊，北国的秋，却特别地来得清，来得静，来得悲凉。我的不远千里，要从杭州赶上青岛，更要从青岛赶上北平来的理由，也不过想饱尝一尝这"秋"，这故都的秋味。

　　江南，秋当然也是有的；但草木凋得慢，空气来得润，天的颜色显得淡，并且又时常多雨而少风；一个人夹在苏州上海杭州，或厦门香港广州的市民中间，浑浑沌沌地过去，只能感到一点点清凉，秋的味，秋的色，秋的意境与姿态，总看不饱，尝不透，赏玩不到十足。秋并不是名花，也并不是美酒，那一种半开、半醉的状态，在领略秋的过程上，是不合适的。

不逢北国之秋，已将近十余年了。在南方每年到了秋天，总要想起陶然亭的芦花，钓鱼台的柳影，西山的虫唱，玉泉的夜月，潭柘寺的钟声。在北平即使不出门去罢，就是在皇城人海之中，租人家一椽破屋来住着，早晨起来，泡一碗浓茶、向院子一坐，你也能看得到很高很高的碧绿的天色，听得到青天下驯鸽的飞声。从槐树叶底，朝东细数着一丝一丝漏下来的日光，或在破壁腰中，静对着像喇叭似的牵牛花（朝荣）的蓝朵，自然而然地也能够感觉到十分的秋意。说到了牵牛花，我以为以蓝色或白色者为佳，紫黑色次之，淡红者最下。最好，还要在牵牛花底，教长着几根疏疏落落的尖细且长的秋草，使作陪衬。

北国的槐树，也是一种能使人联想起秋来的点缀。像花而又不是花的那一种落蕊，早晨起来，会铺得满地。脚踏上去，声音也没有，气味也没有，只能感出一点点极微极柔软的触觉。扫街的在树影下一阵扫后，灰土上留下来的一条条扫帚的丝纹，看起来既觉得细腻，又觉得清闲，潜意识下并且还觉得有点儿落寞，古人所说的梧桐一叶而天下知秋的遥想，大约也就在这些深沉的地方。

秋蝉的衰弱的残声，更是北国的特产；因为北平处处全长着树，屋子又低，所以无论在什么地方，都听得见它们的啼唱。在南方是非要上郊外或山上去才听得到的。这秋蝉的嘶叫，在北平可和蟋蟀耗子一样，简直像是家家户户都养在家里的家虫。

还有秋雨哩，北方的秋雨，也似乎比南方的下得奇，下得有味，下得更像样。

在灰沉沉的天底下，忽而来一阵凉风，便息列索落地下起雨来了。一层雨过，云渐渐地卷向了西去，天又青了，太阳又露出脸来了；着着很厚的青布单衣或夹袄的都市闲人，咬着烟管，在雨后的斜桥影里，上桥头树底下去一立，遇见熟人，便会用了缓慢悠闲的声调，微叹着互答着地说：

"唉，天可真凉了——"（这了字念得很高，拖得很长。）

"可不是么？一层秋雨一层凉啦！"

北方人念阵字，总老像是层字，平平仄仄起来，这念错的歧韵，倒来得正好。

北方的果树，到秋来，也是一种奇景。第一是枣子树；屋角，墙头，茅房边上，灶房门口，它都会一株株地长大起来。像橄榄又像鸽蛋似的这枣子颗儿，在小椭圆形的细叶中间，显出淡绿微黄的颜色的时候，正是秋的全盛时期；等枣树叶落，枣子红完，西北风就要起来了，北方便是尘沙灰土的世界，只有这枣子、柿子、葡萄，成熟到八九分的七八月之交，是北国的清秋的佳日，是一年之中最好也没有的Golden Days。

有些批评家说，中国的文人学士，尤其是诗人，都带着很浓厚的颓废色彩，所以中国的诗文里，颂赞秋的文字特别的多。但外国的诗人，又何尝不然？我虽则外国诗文念得不多，也不想开出账来，做一篇秋的诗歌散文钞，但你若去一翻英德法意等诗人的集子，或各国的诗文的Anthology来，总能够看到许多关于秋的歌颂与悲啼。各著名的大诗人的长篇田园诗或四季诗里，也总以关于秋的部分，写得最出色而最有味。足见有感觉的动物，有情趣的人类，对于秋，总是一样的能特别引起深沉、幽远、严厉、萧索的感触来的。不单是诗人，就是被关闭在牢狱里的囚犯，到了秋天，我想也一定会感到一种不能自已的深情；秋之于人，何尝有国别，更何尝有人种阶级的区别呢？不过在中国，文字里有一个"秋士"的成语，读本里又有着很普遍的欧阳子的《秋声》与苏东坡的《赤壁赋》等，就觉得中国的文人，与秋的关系特别深了。可是这秋的深味，尤其是中国的秋的深味，非要在北方，才感受得到底。

南国之秋，当然是也有它的特异的地方的，譬如廿四桥的明月，钱塘江的秋潮，普陀山的凉雾，荔枝湾的残荷等等，可是色彩不浓，回味不永。比起北国的秋来，正像是黄酒之与白干，稀饭之与馍馍，鲈鱼之与大蟹，黄犬之与骆驼。

秋天，这北国的秋天，若留得住的话，我愿意把寿命的三分之二折去，换得一个三分之一的零头。

1934 年 8 月，在北平

合欢树

史铁生

十岁那年，我在一次作文比赛中得了第一。母亲那时候还年轻，急着跟我说她自己，说她小时候的作文作得还要好，老师甚至不相信那么好的文章会是她写的。"老师找到家来问，是不是家里的大人帮了忙。我那时可能还不到十岁呢。"我听得扫兴，故意笑："可能？什么叫可能还不到？"她就解释。我装作根本不再注意她的话，对着墙打乒乓球，把她气得够呛。不过我承认她聪明，承认她是世界上长得最好看的女的。她正给自己做一条蓝底白花的裙子。

二十岁，我的两条腿残废了。除去给人家画彩蛋，我想我还应该再干点别的事，先后改变了几次主意，最后想学写作。母亲那时已不年轻，为了我的腿，她头上开始有了白发。医院已经明确表示，我的病情目前没办法治。母亲的全副心思却还放在给我治病上，到处找大夫，打听偏方，花很多钱。她倒总能找来些稀奇古怪的药，让我吃，让我喝，或者是洗、敷、熏、灸。"别浪费时间啦！根本没用！"我说，我一心只想着写小说，仿佛那东西能把残废人救出困境。"再试一回，不试你怎么知道会没用？"她说，每一回都虔诚地抱着希望。然而对我的腿，有多少回希望就有多少回失望，最后一回，我的胯上被熏成烫伤。医院的大夫说，这实在太悬了，对于瘫痪病人。这差不多是要命的事。我倒没太害怕，心想死了也好，死了倒痛快。母亲惊惶了几个月，昼夜守着我，一换药就说："怎么会烫了呢？我还直留神呀！"幸亏伤口好起来，不然她非疯了不可。

后来她发现我在写小说。她跟我说："那就好好写吧。"我听出来，她对治好我的腿也终于绝望。"我年轻的时候也最喜欢文学，"她说，"跟你现在差不多大的时候，我也想过搞写作，"她说，"你小时候的作文不是得过第一？"她提醒我说。我们俩都尽力把我的腿忘掉。她到处去给我借书，顶着雨或冒了雪推我去看电影，像过去给我找大夫，打听偏方那样，抱了希望。

三十岁时，我的第一篇小说发表了。母亲却已不在人世，过了几年，我的另一篇小说又侥幸获奖，母亲已经离开我整整七年。

获奖之后，登门采访的记者就多，大家都好心好意，认为我不容易。但是我只准备了一套话，说来说去就觉得心烦。我摇着车躲出去，坐在小公园安静的树林里，想：上帝为什么早早地召母亲回去呢？迷迷糊糊的，我听见回答："她心里太苦了。上帝看她受不住了，就召她回去。"我的心得到一点安慰，睁开眼睛，看见风在树林里吹过。

我摇车离开那儿，在街上瞎逛，不想回家。

母亲去世后，我们搬了家。我很少再到母亲住过的那个小院儿去。小院儿在一个大院儿的尽里头，我偶尔摇车到大院儿去坐坐，但不愿意去那儿小院儿，推说手摇车进去不方便。院儿里的老太太们还都把我当儿孙看，尤其想到我又没了母亲，但都不说，光扯些闲活，怪我不常去。我坐在院子当中，喝东家的茶，吃西家的瓜。有一年，人们终于又提到母亲："到小院儿去看看吧，你妈种的那棵合欢树今年开花了！"我心里一阵抖，还是推说手摇车进出太不易。大伙就不再说，忙扯些别的，说起我们原来住的房子里现在住了小两口，女的刚生了个儿子，孩子不哭不闹，光是瞪着眼睛看窗户上的树影儿。

我没料到那棵树还活着。那年，母亲到劳动局去给我找工作，回来时在路边挖了一棵刚出土的"含羞草"，以为是含羞草，种在花盆里长，竟是一棵合欢树。母亲从来喜欢那些东西，但当时心思全在别处。第二年合欢树没有发芽，母亲叹息了一回，还不舍得扔掉，依然让它长在瓦盆里。第三年，合欢树却又长出叶子，而且茂盛了。母亲高兴了很多天，以为那是个好兆头，常去侍弄它，不敢再大意。又过一年，她把合欢树移出盆，栽在窗前的地上，有时念叨，不知道这种树几年才开花。再过一年，我们搬了家。悲痛弄得我们都把那棵小树忘记了。

与其在街上瞎逛，我想，不如就去看看那棵树吧。我也想再看看母亲住过的那间房。我老记着，那儿还有个刚来到世上的孩子，不哭不闹，瞪着眼睛看树影儿。是那棵合欢树的影子吗？小院儿里只有那棵树。

院儿里的老太太们还是那么欢迎我，东屋倒茶，西屋点烟，送到我跟前。大伙都不知道我获奖的事，也许知道，但不觉得那很重要；还是都问我的腿，问我是否有了正式工作。这回，想摇车进小院儿真是不能了，家家门前的小厨房都扩大，过道窄到一个人推自行车进出也要侧身。我问起那棵合欢树。大伙说，年年都开花，长到房高了。这么说，我再看不见它了。我要是求人背我去看，倒也不是不行。我挺后悔前两年没有自己摇车进去看看。

我摇着车在街上慢慢走，不急着回家。人有时候只想独自静静地呆一会。悲伤也成享受。

有一天那个孩子长大了，会想到童年的事，会想起那些晃动的树影儿，会想起他自己的妈妈，他会跑去看看那棵树。但他不会知道那棵树是谁种的，是怎么种的。

傅雷家书两则

傅雷

1954年10月2日

聪，亲爱的孩子：

收到9月22日晚发的第六封信，很高兴，我们并没有为你前封信感到什么烦恼或是不安。我在第八封信中还对你预告，这种精神消沉的情形，以后还会有的。我是过来人，决不至于大惊小怪。你也不必为此担心，更不必硬压在肚里不告诉我们。心中的苦闷不在家信中发泄，又哪里去发泄呢？孩子不向父母诉苦，没有谁可诉苦。我们不来安慰你，又该谁来安慰你呢？人一辈子都在高潮—低潮中浮沉，唯有庸庸碌碌的人，生活才如死水一般；或者要有极高的修养，才能廓然无累，真正的解脱。只要高潮不过分使你紧张，低潮不过分使你颓废，就好了。太阳太强烈，会把五谷晒焦；雨水太猛，也会淹死庄稼。我们只求心理相对平衡，不至于受伤而已。你也不是栽了筋斗爬不起来的人。我预料在国外这几年，对你整个的人生也有很大帮助。这次来信所说的痛苦，我都理会得；我很同情，我愿意尽量安慰你、鼓舞你。克利斯朵夫不是经过多少回这种情形吗？他不是一切艺术家的缩影与结晶吗？慢慢地你会养成另一种心情对付过去的事：就是能够想到而不再惊心动魄，能够以客观的现实分析前因后果，做将来的借鉴，以免重蹈覆辙。一个人唯有敢于正视现实，正视错误，理智分析，彻底感悟，才不至于被回忆侵蚀。我相信你会逐渐学会这一套，越来越坚强的。我以前在信中和你提过感情的 ruin（创伤，覆灭），就是要你把这些事当作心灵的灰烬看，看的时候当然不免感触万端，但不要刻骨铭心地伤害自己，而要像对着古战场一般地存着凭吊的心怀。倘若你认为这些话是对的，对你有些启发作用，那么将来在遇到因回忆而痛苦的时候（那一定免不了会再来的），拿出这封信来重读几遍。

1955 年 1 月 26 日

　　早预算新年中必可接到你的信，我们都当作等待什么礼物一般地等着。果然昨天早上收到你来信，而且是多么可喜的消息。孩子！要是我们在会场上，一定会禁不住涕泗横流的。世界上最高的最纯洁的欢乐莫过于欣赏艺术，更莫过于欣赏自己的孩子的手和心传达出来的艺术。其次，我们也因为你替祖国增光而快乐！更因为你能借音乐而使多少人欢笑而快乐！想到你将来一定有更大的成就，没有止境的进步，为更多的人更广大的群众服务，鼓舞他们的心情，抚慰他们的创痛。我们真是心都要跳出来了！能够把不朽的大师的不朽的作品发扬光大，传布到地球上每一个角落去，真是多神圣，多光荣的使命！孩子，你太幸福了，天待你太厚了。我更高兴的更安慰的是：多少过分的谀词与夸奖，都没有使你丧失自知之明，众人的掌声、拥抱，名流的赞美，都没有减少你对艺术的谦卑！总算我的教育没有白费，你二十年的折磨没有白受！你能坚强（不为胜利冲昏了头脑是坚强的最好的证据），只要你能坚强，我就一辈子放了心！成就的大小、高低，是不在我们掌握之内的，一半靠人力，一半靠天赋，但只要坚强，就不怕失败，不怕挫折，不怕打击——不管是人事上的，生活上的，技术上的，学习上的——打击；从此以后你可以孤军奋斗了。何况事实上有多少良师益友在周围帮助你，扶掖你。还加上古今的名著，时时刻刻给你精神上的养料！孩子，从今以后，你永远不会孤独的了，即使孤独也不怕的了！

赤子之心这句话，我也一直记住的。赤子便是不知道孤独的。赤子孤独了，会创造一个世界，创造许多心灵的朋友！永远保持赤子之心，到老也不会落伍，永远能够与普天下的赤子之心相接相契相抱！你那位朋友说得不错，艺术表现的动人，一定是从心灵的纯洁来的！不是纯洁到像明镜一般，怎能体会到前人的心灵？怎能打动听众的心灵？

音乐院长说你的演奏像流水、像河；更令我想到克利斯朵夫的象征。舅舅说你小时候常以克利斯朵夫自命，而你的个性居然和罗曼·罗兰的理想有些相像了。河，莱茵，江声浩荡……钟声复起，天已黎明……中国正到了"复旦"的黎明时期，但愿你做中国的——新中国的——钟声，响遍世界，响遍每个人的心！滔滔不竭的流水，流到每个人的心坎里去，把大家都带着，跟你一块到无边无岸的音响的海洋中去吧！名闻世界的扬子江与黄河，比莱茵河的气势还要大呢！……黄河之水天上来，奔流到海不复回！……无边落木萧萧下，不尽长江滚滚来！……有这

种诗人灵魂的传统的民族，应该有气吞斗牛的表现才对。

你说常在矛盾与快乐之中，但我相信艺术家没有矛盾不会进步，不会演变，不会深入。有矛盾正是生机蓬勃的明证。眼前你感到的还不过是技巧与理想的矛盾，将来你还有反复不已更大的矛盾呢：形式与内容的枘凿，自己内心的许许多多不可预料的矛盾，都在前方等着你。别担心，解决一个矛盾，便是前进一步！矛盾是解决不完的，所以艺术没有止境，没有完美的一天，人生也没有完美的一天！唯其如此，才需要我们日以继夜，终生地追求、苦练；要不然大家做了羲皇上人，垂手而天下治，做人也太腻了！

第五章

吐字发音

　　关于吐字发音，播音主持专业教材写得已经很全面了，我将着重结合自己从业多年的心得体会，把最重要的部分提炼出来，尽量用一种通俗易懂的方式展现给大家，使各位不至看到很多理论知识后对这门艺术望而却步。朗诵不是一门玄学，希望我们可以一起努力唤醒对朗诵的热爱。说起来道理很简单，就像骑车一样，我们只需要很短时间就可以学会如何骑车，但是怎样骑好车的窍门不是一次性就可以完全说清晰透彻的，这需要我们在实践中慢慢琢磨。接下来，我会和大家探讨如何练好基本功，掌握吐字发音的窍门，也希望朋友们针对这一章准备的字、词、绕口令，每天能够利用 20 ～ 30 分钟的时间进行练习。

发音基础

　　最简单的一个问题，我们的声音是从哪儿来的呢？声音其实是通过我们喉部的声带振动后所产生的。那我们如何通过振动声带进行发声呢？原理在于当我们呼出气流时，气流冲击使声带振动，进而发出声音。所以学会呼吸对于我们正确用声十分重要。首先我们来简单地了解一下什么是发音基础。发音基础分为生理基础和心理基础。生理基础可以分为呼吸器官、发声器官和吐字器官。呼吸器官是我们的动力器官，这一部分以肺为动力。发声器官是我们声音的素材，主要由喉部构成。吐字器官让我们的声音发生变化，主要由唇、齿、舌等构成，其中舌头又是吐字最为主要和活跃的部分。

　　发音的心理基础分为四个阶段：第一阶段是编码，即大脑把我们想要说的话组织起来；第二阶段是传送，组织好的语言编码会传送到专门负责语言部分的大脑皮层；第三阶段是传递，这一过程是第二阶段完成后，语言编码变成了神经冲动，然后传递到我们的发音器官肌肉；第四阶段是发音器官肌肉被刺激后带动发音器官开始发声。

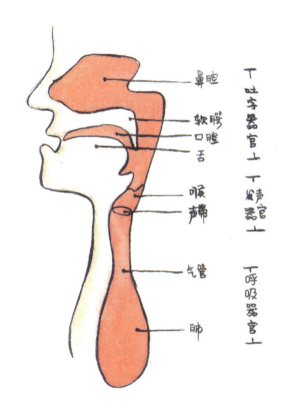

鼻腔

软腭
口腔
舌

喉
声带

气管

肺

吐字器官

发声器官

呼吸器官

根据语言学家的普遍的分析方法，我们的现代汉语字音分为声母、韵母、声调三个部分。首先我们来了解一下这三个部分分别是什么，包含着什么，并结合相应的辅助小练习，为接下来的吐字归音打好基础。

汉语字音

一个字音中位于元音前头的部分叫作声母。普通话声母按照发音部位可以分为七大类型。

第一，双唇音：b、p、m。**发这三个音我们口腔的力度要集中在双唇，要与气息配合保持力度。发 b 的时候没有气流送出，发 p 的时候有气流送出，发 m 的时候感觉鼻子在振动。**

◆ b

单音节：巴，班，帮，播，被，病，比，八，版，宝

双音节：北部，标兵，包办，必备，奔波，辨别

四音节：半路出家，不相为谋，跋山涉水，步履蹒跚

◆ p

单音节：陪，牌，胖，篇，拼，脾，片，配，凭，评

双音节：乒乓，偏旁，枇杷，偏僻，攀爬，铺平

四音节：抛砖引玉，旁观者清，萍水相逢

◆ m

单音节：马，魔，毛，梦，明，满，亩，曼，卖，猫

双音节：妈妈，明媚，美妙，木马，眉毛，牧民

四音节：莫逆之交，迷离扑朔，忙里偷闲，买椟还珠

绕口令：

1. 八百标兵奔北坡，炮兵并排北边跑；炮兵怕把标兵碰，标兵怕碰炮兵炮。

2. 巴老爷有八十八棵芭蕉树，来了八十八个把式要在巴老爷八十八棵芭蕉树下住。巴老爷拔了八十八棵芭蕉树，不让八十八个把式在八十八棵芭蕉树下住。 八十八个把式烧了八十八棵芭蕉树，巴老爷在八十八棵树边哭。

3. 一平盆面，烙一平盆饼，饼碰盆，盆碰饼。

第二，唇齿音：f。这个音需要上齿和下唇靠近内侧处接触，接触面积不要太大，成阻后即可发音，另外要学会控制气流。f是清擦音。

单音节：佛，发，飞，粉，肥，凡，幅，仿，访，凤

双音节：佛法，发放，非法，丰富，繁复，吩咐

四音节：发愤图强，夫唱妇随，分道扬镳，飞沙走石

绕口令：

1. 粉红墙上画凤凰，凤凰画在粉红墙。红凤凰，粉凤凰，红粉凤凰，花凤凰。

2. 黑化肥发灰，灰化肥发黑。黑化肥发灰会挥发；灰化肥挥发会发黑。

第三,舌面音:j、q、x。发音的时候舌尖要自然下垂,将舌面前部集中于一个点,然后抵住或接近硬腭的前部,除阻成音。j是不送气音,q是送气音,x是清擦音。

◆ j

单音节:句,节,借,将,加,脚,进,届,久,姐

双音节:即将,接近,经济,解决,坚决,简介

四音节:加官晋爵,久经风霜,聚少成多,就地取材

◆ q

单音节:七,清,去,情,骑,千,钱,群,气,青

双音节:亲戚,前妻,秋千,祈求,曲奇,侵权

四音节:曲线救国,气吞山河,七嘴八舌,秋月寒江

◆ x

单音节:像,笑,写,下,洗,选,鞋,小,心,些

双音节:欣喜,学习,相信,现象,详细,新鲜

四音节:想望风采,学疏才浅,喜出望外,逍遥自在

绕口令:

1.七加一,再减一,加完减完等于几?七加一,再减一,加完减完还是七。

2.一葫芦酒，九两六；一葫芦油，六两九。六两九的油，要换九两六的酒；九两六的酒，不换六两九的油。

3.七巷一个漆匠，西巷一个锡匠。七巷漆匠偷了西巷锡匠的锡，西巷锡匠偷了七巷漆匠的漆。

第四，舌根音：g、k、h。发音的时候舌根和软腭会接触，受阻后成音，舌根要有力度。g是不送气音，k是送气音，h是清擦音。

◆ g

单音节：过，歌，高，狗，挂，古，改，股，国，光

双音节：改革，公共，光顾，观光，骨干，感官

四音节：改过从善，共克时艰，勾魂摄魄，顾影自怜

◆ k

单音节：快，哭，阔，克，康，酷，亏，夸，咖，孔

双音节：可靠，坎坷，慷慨，空旷，卡壳，困苦

四音节：阔步高谈，口无择言，苦思冥想，可有可无

◆ h

单音节：后，好，花，还，红，换，黑，货，恨

双音节：辉煌，绘画，皇后，混合，呵护，花卉

四音节：湖光山色，后起之秀，黑白不分，活灵活现

绕口令：

1.哥挎瓜筐过宽沟，赶快过沟看怪狗，光看怪狗瓜筐扣，瓜滚筐空哥怪狗。

2.苦读古书懂古通古熟古，不读古书不懂古不通古糊涂古。

3.华华有两朵黄花，红红有两朵红花。华华要红花，红红要黄花，华华送给红红一朵黄花，红红送给华华一朵红花。

第五，舌尖前音：z、c、s。发音的时候舌尖与下齿背或者上齿背成阻，舌尖抵住或接近齿背即可，不需要太用力，另外舌头尽量往后缩。发z的时候不送气，发c的时候送气，s属于清擦音。

◆ z

单音节：紫，杂，走，最，揍，组，灾，左，粽

双音节：自足，罪责，做作，自尊

四音节：自负盈亏，在所难免，总角之交，孜孜不倦

◆ c

单音节：擦，册，餐，从，侧，次，苍，脆，猜

双音节：从此，粗糙，匆促，璀璨，曹操

四音节：从善如流，赞不绝口，走石飞沙，苍翠欲滴

◆ s

单音节：丝，私，色，岁，撒，所，搜，随，素，塞

双音节：色素，松散，搜索，思索，诉讼

四音节：思前想后，岁月峥嵘，素昧平生，三叠阳关

绕口令：

1. 早晨早早起，早起做早操，人人做早操，做操身体好。

2. 山前有个崔粗腿，山后有个崔腿粗，二人山前来比腿。不知是崔腿粗比崔粗腿的腿粗，还是崔粗腿比崔腿粗的腿粗。

3. 刚往窗上糊字纸，你就隔着窗户撕字纸，一次撕下横字纸，一次撕下竖字纸，横竖两次撕了四十四张湿字纸。是字纸，你就撕字纸；不是字纸，你就不要胡乱地撕一地纸。

第六，舌尖中音：d、t、n、l。发音的时候舌尖要抵住上齿龈，力度要放在舌尖上，除阻的时候要快和准，有弹性。d 是不送气，t 是送气音，n 是鼻音，l 是边音。

◆ d

单音节：答，德，带，等，点，丢，电，短，刀，淡

双音节：单调，对待，打底，担当，低调，地道

四音节：地广人稀，东躲西跑，豆蔻年华，独运匠心

◆ t

单音节：特，它，塔，同，疼，汤，土，兔，甜，偷

双音节：团体，疼痛，天堂，探讨，挑剔，通透

四音节：天涯咫尺，同舟共济，头眩目昏，突如其来

◆ n

单音节：你，女，牛，闹，鸟，耐，奴，嫩，农，粘

双音节：牛奶，男女，难耐，泥泞，拿捏，难念

四音节：女中豪杰，怒目横眉，耐人寻味，怒发冲冠

◆ l

单音节：亮，力，落，连，领，路，楼，聊，轮，蓝

双音节：裸露，流泪，利率，联络，历练，琉璃

四音节：楼阁亭台，落花时节，略胜一筹，李代桃僵

绕口令：

1.调到敌岛打特盗，特盗太刁投短刀。挡推顶打短刀掉，踏盗得刀盗打倒。

2.那月是个腊月，大梁有个大娘。老人不太恼人，旅客都是女客。男女衣衫褴褛，三连住了三年。

3.牛郎年年念刘娘，刘娘连连恋牛郎。牛郎恋刘娘，刘娘念牛郎，郎恋娘来娘念郎。

第七，舌尖后音：zh、ch、sh、r。舌尖与齿龈后面硬腭的前面部分接触或者接近，形成阻碍后发音。zh 是不送气，ch 是送气，sh 是清擦音，r 是浊擦音。

◆ zh

单音节：只，这，祝，至，站，装，煮，照，周，抓

双音节：主治，支柱，这种，真挚，郑州，执着

四音节：只争朝夕，卓尔不群， 直言不讳，追悔莫及

◆ ch

单音节：吃，车，戳，出，唇，陈，春，查，茶，川

双音节：驰骋，初春，车程，穿插，拆穿，充斥

四音节：处之泰然，痴心妄想，抽丝剥茧，出其不意

◆ sh

单音节：使，社，首，诗，少，身，山，瘦，事，水

双音节：硕士，时尚，设施，上市，首饰，手术

四音节：硕果累累，收之桑榆，石沉大海，说今道古

◆ r

单音节：日，弱，入，乳，荣，仁，柔，润，然，软

双音节：仍然，融入，柔软，荣辱，饶人，软弱

四音节：弱不禁风，如临深谷，日新月异

绕口令：

1.史老师讲时事，常学时事长知识。时时学习看报纸，报纸登的是时事，心里装着天下事。

2.朱家一株竹，竹笋初长出。朱叔处处锄，锄出笋来煮。锄完不再出，朱叔没笋煮。竹株又干枯，朱叔痛苦哭。

3.认识从实践始，实践出真知。知道就是知道，不知道就是不知道。不要知道说不知道，也不要不知道装知道。老老实实，实事求是。一定要做到不折不扣的真知道。

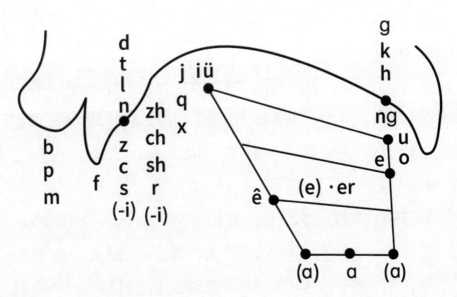

音节中声母后面的部分叫韵母。韵母由韵头、韵腹和韵尾组成。韵母按结构可以分为单元音韵母、复元音韵母和鼻韵母三大类。

第一类：单元音韵母

◆ a 发音的时候，软腭上升，前舌面自然下降，舌中部微微隆起，舌位低，口腔开度大，尽量发饱满。

单音节：阿，发，他，娃，爸，妈，猫，外，燃，改

双音节：发达，拉萨，砝码，哈达，喇叭，打码

四音节：马革裹尸，麻木不仁，八荒之外，大有作为

◆ o 发 o 的时候，口腔要比 a 窄一点，最终归音不要偏偏，舌根抬起，舌高点稍微靠后。

单音节：波，莫，博，佛，噢，迫，勃，婆，魄

双音节：伯伯，薄荷，泼墨，抹平，播报，薄弱

四音节：破涕为笑，勃然大怒，波光粼粼，迫不及待

◆ e 发音时在 o 的基础上，唇稍微向嘴角展开，但是要完成动程，发完整。

单音节：饿，歌，特，德，乐，测，舌，彻，喝，瑟

双音节：得体，特地，格局，乐园，测度，合作

四音节：德高望重，刻骨铭心，热血沸腾，和盘托出

◆ i 发音的时候，口腔开口度小，舌面靠前，偏高且不圆唇。

单音节：溢，洗，集，笔，泥，鸡，底，体，夕，季

双音节：荔枝，疲劳，低落，洗礼，细节，机器

四音节：集思广益，匹夫之勇，逼不得已，提纲挈领

◆ u 发音的时候，舌位最靠后且最高，圆唇。

单音节：补，熟，处，读，负，足，酷，素，无，目

双音节：蝴蝶，途径，处理，古典，孤独，书签

四音节：处之泰然，书香人家，突飞猛进，出其不意

◆ ü 发音时，舌位靠前，较高，圆唇，口腔开度小。

单音节：绿，居，取，许，鱼，聚，娱，女，虚

双音节：虚心，需求，取悦，女工，区域，许愿

四音节：曲高和寡，举止大方，局促不安，取之不尽

◆ –i（**舌尖前元音韵母**） 发音时，舌尖前伸接近上齿背，不圆唇。

单音节：丝，自，词，思，次，姿，滋，司，瓷，赐

双音节：私自，资产，自私，刺痛，丝瓜，慈悲

四音节：孜孜不倦，自负盈亏，词不达意，四通八达

◆ –i（**舌尖后元音韵母**） 发音时，舌尖稍微靠后，

与硬腭保持一定距离。

单音节：只，吃，使，指，尺，事，治，炽，尸，室

双音节：时尚，支持，池塘，吃亏，知识，始终

四音节：事无巨细，迟疑不决，知书达理，执迷不悟

◆ er 发音时口腔半开半闭，舌位不高不低，舌尖自然卷起。

单音节：而，二，饵，洱，耳，尔，儿，珥，贰

双音节：耳朵，儿童，而且，儿歌，儿女

四音节：尔虞我诈，耳听八方，二龙戏珠，而立之年

绕口令综合练习：

1．郭伯伯买火锅，带买墨水和馍馍，墨水馍馍装火锅，火锅磨得墨瓶破。伯伯回家交婆婆，婆婆掀锅拿馍馍，墨水馍馍满火锅，婆婆坐着默琢磨，莫非是摩登产品外国货。

2．坡上立着一只鹅，坡下就是一条河。宽宽的河，肥肥的鹅，鹅要过河，河要渡鹅，不知是鹅过河，还是河渡鹅？

3．肩背一匹布，手提一瓶醋，走了一里路，看见一只兔，卸下布，放下醋，去捉兔。跑了兔，丢了布，洒了醋。

4．要说尔专说尔，马尔代夫，喀布尔，阿尔巴尼亚，扎伊尔，卡塔尔，尼泊尔，贝尔格莱德，安道尔，萨尔瓦多，

伯尔尼，利伯维尔，班珠尔，厄瓜多尔，塞舌尔，哈密尔顿，尼日尔，圣彼埃尔，巴斯特尔，塞内加尔的达喀尔，阿尔及利亚的阿尔及尔。

第二类：复元音韵母

（一）ai、ei、ao、ou 发音的时候，口腔都是由开到闭，舌位从低到高，开始的时候声音响亮，结束的时候声音短促。

◆ ai

单音节：爱，矮，白，猜，拆，牌，盖，宅，海，钙

双音节：开采，哀悼，脉搏，拆迁，还得，开幕

四音节：哀鸿遍野，爱憎分明，百紫千红，外柔内刚

◆ ei

单音节：美，杯，陪，飞，类，贼，黑，内，妃

双音节：配备，飞奔，背包，陪伴，贝壳，沸腾

四音节：内忧外患，美轮美奂，费尽心力，悲天悯人

◆ ao

单音节：熬，包，跑，考，到，扰，老，潮，挠，猫

双音节：傲娇，包括，逃避，操控，好感，考虑

四音节：老有所终，操之过切，道义之交，高飞远翔

◆ ou

单音节：鸥，柔，口，愁，扣，候，豆，透，否，粥

双音节：守候，豆蔻，绸缎，手感，抠图，厚度

四音节：手足无措，愁云惨淡，厚积薄发，首尾相连

（二）ia、ie、ua、uo、üe 发音的时候，开口由小到大，舌位由高到低，后面的声音较为响亮和饱满。

◆ ia

单音节：加，亚，夏，哑，虾，嫁，下，呀，恰，佳

双音节：卡包，下班，夏季，家电，侠客，家具

四音节：虾兵蟹将，掐头去尾，狭路相逢，价廉物美

◆ ie

单音节：贴，切，蔑，谢，别，列，爹，撇，杰，蟹

双音节：介意，姐姐，协定，节日，切断，铁块

四音节：夜长梦多，铁石心肠，歇斯底里，借景生情

◆ ua

单音节：花，华，抓，夸，刷，垮，挂，瓜，化，画

双音节：画画，化妆，抓紧，挂钩，滑动，刷牙

四音节：夸大其词，花枝招展，画蛇添足，瓜田之嫌

◆ uo

单音节：朵，脱，扩，锅，弱，桌，落，多，错，左

双音节：错过，陀螺，扩充，硕果，多数，骆驼

四音节：落花时节，过眼云烟，脱口成章，络绎不绝

◆ üe

单音节：略，缺，学，月，绝，虐，雪，岳，雀，掠

双音节：阅读，月亮，雪地，雀跃，学界，约束

四音节：略胜一筹，月明星稀，雪中送炭，约法三章

（三）iao、iou、uai、uei 发音的时候，前面的元音轻短，中间的元音较为清晰响亮，后面的元音音值含混，有一个曲线形的滑动过程。

◆ iao

单音节：聊，飘，条，掉，叫，鸟，廖，角，调，妙

双音节：聊天，跳舞，调动，了解，妙趣，矫情

四音节：教导有方，了如指掌，妙不可言，跳梁小丑

◆ iou

单音节：优，又，九，酒，牛，游，舅，旧，悠，妞

双音节：游戏，纠结，悠久，邮件，柚子，酒窝

四音节：悠然自得，由浅入深，九牛一毛，游蜂戏蝶

◆ uai

单音节：坏，快，怪，槐，徊，侩，踹，拽，乖，怀

双音节：怀揣，拐点，摔坏，快递，怪胎

四音节：怀才不遇，快马加鞭，拐弯抹角，怀柔天下

◆ uei

单音节：追，回，毁，赘，脆，翠，吹，惠，坠，灰

双音节：坠毁，回来，追悼，翠微，吹破，赘述

四音节：惴惴不安，追悔莫及，回肠九转，吹毛求疵

绕口令综合练习：

1.吃葡萄不吐葡萄皮，不吃葡萄倒吐葡萄皮。

2.槐树槐，槐树槐，槐树底下搭戏台，人家的姑娘都来了，我家的姑娘还不来。说着说着就来了，骑着驴，打着伞，歪着脑袋上戏台。

3.你会炖炖冻豆腐，你来炖我的炖冻豆腐；你不会炖炖冻豆腐，别胡炖乱炖炖坏了我的炖冻豆腐。

第三类：鼻韵母

（一）an、en、ian、in、uan、üan、uen、ün 发音的时候，最后都要归于鼻音 n，软腭下垂，气流从鼻腔出来。

◆ an

单音节：安，眼，晚，蓝，兰，暗，燕，蛋，看，班

双音节：暗淡，燕子，版图，蓝天，豌豆，懒惰

四音节：安之若素，淡泊名利，晚节不保，烟消云散

◆ en

单音节：恩，仁，根，狠，认，亘，忍，痕，恨，人

双音节：认真，恩情，跟班，人才，认定，认清

四音节：亘古不变，忍俊不禁，人海战术，恩重如山

◆ ian

单音节：烟，脸，先，片，恋，遍，钱，闲，点，联

双音节：链接，篇目，嫌弃，店面，铅笔，脸蛋

四音节：恋恋不舍，间不容发，点睛之笔，变幻莫测

◆ in

单音节：音，林，银，琴，亲，斌，邻，因，隐，霖

双音节：音乐，印度，濒临，银川，临走，勤劳

四音节：因人而异，林寒涧肃，音容笑貌，饮鸩止渴

◆ uan

单音节：缓，换，管，乱，段，婉，欢，惯，锻，幻

双音节：婉转，环岛，乱丢，观点，锻炼，团体

四音节：万寿无疆，欢欣鼓舞，玩世不恭，缓兵之计

◆ uen

单音节：轮，温，屯，润，春，存，滚，问，魂，吨

双音节：昆仑，混搭，润泽，存放，温柔，婚礼

四音节：寸有所长，浑然一体，顿足捶胸，稳如泰山

◆ üan

单音节：圈，全，卷，选，圆，元，娟，愿，劝，炫

双音节：圆圈，源泉，全部，捐赠，旋律，倦怠

四音节：全神贯注，原封不动，绚烂多姿，怨天尤人

◆ ün

单音节：晕，讯，君，迅，群，云，逊，军，寻，孕

双音节：晕眩，训导，君主，陨落，群岛，巡视

四音节：晕头转向，寻踪觅迹，群龙无首，云淡风轻

（二）ang、eng、iang、ing、uang、ueng、ong、iong

发音的时候，最后都要归音于 ng，前面需要保持口腔的开度动程，最后发音到位即可。

◆ ang

单音节：当，肮，藏，浪，胖，荡，狼，刚，糖，昂

双音节：当然，旁人，苍茫，档期，苍白，汤锅

四音节：当机立决，长吁短叹，旁若无人，纲举目张

◆ eng

单音节：等，灯，邓，更，冷，增，僧，鹏，翁，哽

双音节：冷淡，等待，耕地，僧侣，灯罩，增高

四音节：乘人不备，生气勃勃，冷暖自知，风雷之变

◆ iang

单音节：亮，抢，墙，将，两，想，强，讲，羊，江

双音节：凉鞋，降低，详细，强制，粮食，酱油

四音节：江郎才尽，想入非非，量力而为，两鬓如霜

◆ ing

单音节：硬，灵，定，英，顶，应，丁，明，青，赢

双音节：英气，定律，英国，情感，明白，灵气

四音节：冰释前嫌，静极思动，平易近人，另眼相看

◆ uang

单音节：网，黄，爽，狂，状，床，霜，光，忘，王

双音节：王朝，荒凉，壮阔，爽快，床单，矿物

四音节：狂涛巨浪，旷日持久，亡羊补牢，光怪陆离

◆ ueng

单音节：瓮，蓊，翁，嗡

双音节：渔翁，嗡嗡，老翁，蓊郁

四音节：瓮中捉鳖，渔翁之利，瓮声瓮气

◆ ong

单音节：共，中，冲，总，龙，虫，懂，红，痛，从

双音节：宫廷，综合，董事，同款，垄断，中华

四音节：空前绝后，共商国是，融会贯通，浓妆淡抹

◆ iong

单音节：熊，永，琼，凶，拥，穷，用，兄，勇，囧

双音节：汹涌，雄鹰，勇气，穹顶，踊跃，兄弟

四音节：庸人自扰，穷思竭虑，勇往直前，凶多吉少

绕口令综合练习：

1. 老翁卖酒老翁买，老翁买酒老翁卖。

2. 东洞庭，西洞庭，洞庭山上一根藤，藤条头上挂铜铃。风吹藤动铜铃动，风停藤定铜铃静。

3. 人人听到风声猛，人人都说天很冷。冬天的冷风真正猛。真冷，真正冷，猛的一阵风，更冷。

4. 老彭拿着一个盆，路过老陈住的棚，盆碰棚，棚碰盆，棚倒盆碎棚压盆。老彭要赔老陈的棚，老陈要赔老彭的盆，老陈陪着老彭去补盆，老彭帮着老陈来修棚。

5. 男演员、女演员，同台演戏说方言。男演员说吴方言，

女演员说闽南语。男演员演旅行飞行员，女演员演鲁迅著作研究员。研究员、飞行员，吴方言、闽南语。你说男女演员演得全不全?

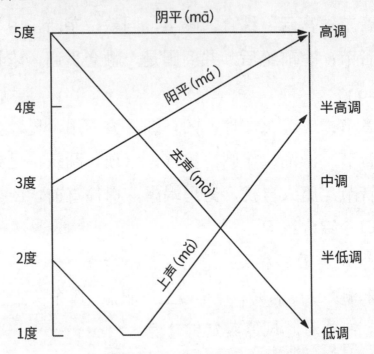

上图所示为调值示意图。调值就是声调的高低、升降、曲直、长短的形式，即声调的实际读法。普通话的声调为阴平、阳平、上声和去声。阴平（55）是高平调，例如"妈"；阳平（35）是中升调，例如"麻"；上声（214）是降升调，例如"马"；去声（51）是全降调，例如"骂"。

吐字归音

吐字归音在《中国播音学》的定义："是我国传统戏曲声乐艺术的发音方法。它根据汉语语音特点，把一个音节的发音过程分为几部分，一般将其分为出字、立字和归音三个阶段。通过对吐字各阶段的精心控制，使其达到清晰有力、圆润自如的境界。"根据定义我们不难发现，吐字归音代表着我们所说的每一个字、每一句话都处于一个运动连贯的状态。"出字、立字和归音"，这三个阶段与之前我们训练的声母、韵母是相互契合的。出字代表的是字头，立字代表的是字腹，而归音则是字尾的部分。比如说"快（kuài）"字，ku 是字头，a 是字腹，i 是字尾。当然吐字归音的时候声调也很重要。总的来说，吐字归音整个过程类似于一个"枣核形"，需要我们做到以下三点。

第一，字头叼住。当我们发音形成阻力的时候，阻塞部位要保持一定的紧张度，阻气要有一定的力度，但又不能过于用力，这一步有助于我们发音的清晰度。第二，字腹饱满。到中间这一部分的时候口腔开度要扩大一点，并且处于一个运动的过程当中。这一部分有助于提高我们发音的饱满度。第三，归音完整。到发音最后的时候要把音归到应有的位置，千万不要虎头蛇尾，同时做到弱收。这三个部分，缺一不可。

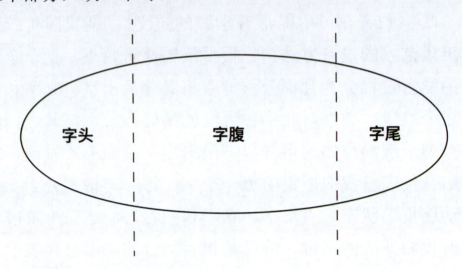

字头　　　　字腹　　　　字尾

三大控制

三大控制分别指的是气息控制、喉部控制和共鸣控制。

首先我们来一起研习气息控制。目前有三种呼吸方式，分别是：胸式呼吸，腹式呼吸，胸腹联合呼吸。胸式呼吸所吸入的气息较浅、较少，我们的声音会显得比较薄；腹式呼吸所吸入的气息较深，我们的声音显得比较暗；当胸部和腹部结合起来呼吸，即胸腹联合呼吸时，声音呈现的状态比较饱满。日常情况下，我们大多数的时间不会关注自己的呼吸，那接下来我们就简单地了解一下三种呼吸方式的不同。胸式呼吸，气息吸得浅，呼得快，出现在一些带有特定感情色彩的表演中，可以选择性地处理运用，一般不建议使用。最形象的例子就是当你受到惊吓或痛苦时，你会看到自己的肩膀在上下抽动。腹式呼吸深而无控，气息吸得多，呼得快而多，就像人们熟睡之后的状态，腹部会自然而然地起伏。适合播音发声的呼吸方式是胸腹联合呼吸。这是一种在整个呼吸肌肉群调动起来之后，能够获得最大的胸腔体积并有意识地把气息沉到丹田，保持住，再在发声的过程中有效地控制呼气的方法。按照我的经验，一呼一吸之间，腔体变小，气息变少是必然的，而我们科学地发声，就是要在这种可控的作用力和反作用力的抗衡中完成。在这一过程中，为了让声音顺畅、好听，更好地发挥共鸣腔的作用，我们必须有意识地保持胸腔的松弛度，不要含胸、耸肩，而应该有一种上腹和下腹的肌肉是一个板块，发声时它在先向下后向里的反卷，就好比我们的胃部挂了一个弹簧秤砣，慢慢坠下去。

我从业 40 多年，一直没有离开过播音主持行业，有热心的观众问我："董浩叔叔，您究竟是怎样做到的？"其实答案就在于此，通过科学控制气息发声的方法，并且多加练习，是让声音"宝刀不老"的最大绝招。在这一方面，大家也可以寻找自己的专属感觉来控制气息和发声。我现在所写下的文字、所做的这些工作，其实是一位声音的雕刻师，也像每一位老师一样，要即时了解自己的辅导对象，根据不同的气质，不同的声线和状态，找到适合不同学生的学习方法，而不是刻意把每个人身上的特质丢弃。只有这样，老师才教得轻松，学生也会感觉自己很自由，会展现出自己在朗诵方面的特质，让每一次艺术创作呈现自己的特点。

另外，根据我的工作体会，在日常练习或是工作之前，可以着重练习呼吸、发声过程中声带的"预应力"。所谓"预应力"，指的就是用多大的气息去冲击喉头，也就是发声肌肉群，特别是声带肌肉能够被振动成什么状态。这类练习非常有助于我们对发声器官的生理准备。在做"预应力"练习的时候，口型和口腔保持发"哈"的状态，从弱到强、短促而集中地发音，注意力集中在丹田和口腔上颚的两个点上，努力寻找明亮的声音。发声练习到最后一个"哈"时，音可延长，尽可能拖住，体会这种美妙而和谐的感觉。坚持这类练习，对保护声带、改善发声状态有着很好的效果。在第一章我们就一起研习过如何放松寻找对的状态，在这里还想提醒大家，关于吸气，气息只需要八成满即可，要用闻兰花的感觉去吸气。气沉丹田的感觉有助于调动自己的注意力，唇、舌、齿的张力和弹力也要随时注意。

接下来我们一起研习喉部控制。这一部分一方面要保持喉部的稳定，另一方面要保证喉头相对放松。最后我们再一起讨论和交流共鸣控制。根据我们的共鸣器官划分，人声共鸣共有五种，分别是：胸腔共鸣、喉腔共鸣、咽腔共鸣、口腔共鸣和鼻腔共鸣。播音朗诵采取以胸腔共鸣为基础，以口腔共鸣为主，声道鼻腔共鸣为辅的共鸣方式。胸腔共鸣主要借助于我们的肺部，让我们的声音浑厚而有力。口腔共鸣最为复杂，也是我们发音最重要的部分，会增加声音的鲜明度和清晰度。鼻腔共鸣有助于增强声音的柔和程度。

我们可通过相关的练习，增强气息，提高唇、舌、齿的灵活程度。在平时，我们可以做一些类似的口播操，学会科学的发声方式。不过还是想提醒大家，一定要坚持日常的练习，但不要用力过猛，使傻劲儿，要根据我们每一个人不同的情况，用自在、舒服和快乐的方式来练习。综合练习部分分为基础练习和强化练习两部分。基础部分旨在让大家直接感受本章学习的重点内容；强化部分则是选择篇幅略长、带有挑战性的篇目，让大家把技巧真正运用到朗诵中来，温故知新。

综合练习

一、基础练习
练习1：

数　枣

出东门，过大桥，大桥底下一树枣儿，拿着竿子去打枣儿，青的多红的少。一个枣儿，两个枣儿，三个枣儿，四个枣儿，五个枣儿，六个枣儿，七个枣儿，八个枣儿，九个枣儿，十个枣儿；十个枣儿，九个枣儿，八个枣儿，七个枣儿，六个枣儿，五个枣儿，四个枣儿，三个枣儿，两个枣儿，一个枣儿。这是一个绕口令，一口气说完才算好。

练习2：

数葫芦

一个葫芦，两个葫芦，三个葫芦，四个葫芦，五个葫芦，六个葫芦，七个葫芦，八个葫芦，九个葫芦，十个葫芦，十一个葫芦，十二个葫芦，十三个葫芦，十四个葫芦，十五个葫芦，十六个葫芦，十七个葫芦，十八个葫芦，十九个葫芦，二十个葫芦……

练习3：

每一个词语都夸大发音，先做到把每一个字音发完整，然后把每个词语发完整，最后带上与语境相符合的感情，进行发音。

新闻简报，中国伟大，山明水秀，
花红柳绿，山河美丽，阴阳上去，
光明磊落，身强体健，逆水行舟，
背井离乡，信以为真，万古流芳，
方兴未艾，壮烈牺牲，远走高飞，
故地重游，破釜沉舟，热火朝天。

练习4：

练习以下这首诗的时候，仔细体会气息的变化，包括哪里换气、偷气、借气。

江 雪

柳宗元

千山鸟飞绝，万径人踪灭。

孤舟蓑笠翁，独钓寒江雪。

练习5：

练习的时候体会口腔的变化和动程，不需要读太快，仔细感受唇、齿、舌是如何运动的。

白云飞，白云飘，飘上黄山九重霄，山越高来景越美，最高的峰上谁在笑！啊，黄山的云啊，你是那样洁白，那样崇高！白云飞，白云飘，飘上悬崖松树梢，崖越陡来松越俏，最陡的崖上谁在笑！啊，黄山的云啊，你是那样美丽，那样骄傲！

二、强化练习

练习1：

夜 客

陈敬容

炉火沉灭在残灰里，

是谁的手指敲落冷梦？

小门上还剩有一声剥啄。

听表声的答，
暂作火车吧，
我枕下有长长的旅程
长长的孤独。

请进来，深夜的幽客，
你也许是一只猫，一个甲虫，
每夜来叩我寂寞的门。

全没有了，
门上的剥啄，屋上的风。
我爱这梦中的山水，
谁呵，又在我梦里轻敲……

练习2：

红 烛

闻一多

红烛啊！

这样红的烛！

诗人啊！

吐出你的心来比比，可是一般颜色？

红烛啊！

是谁制的蜡——给你躯体？

是谁点的火——点着灵魂？

为何更须烧蜡成灰，

然后才放光出？

一误再误；

矛盾！冲突！

红烛啊！

不误，不误！

原是要"烧"出你的光来——

这正是自然的方法。

红烛啊！

既制了，便烧着！

烧罢！烧罢！

烧破世人的梦，

烧沸世人的血——

也救出他们的灵魂，

也捣破他们的监狱！

红烛啊！

你心火发光之期，

正是泪流开始之日。

红烛啊！

匠人造了你，

原是为烧的。

既已烧着，

又何苦伤心流泪？

哦！我知道了！

是残风来侵你的光芒，

你烧得不稳时，

才着急得流泪！

红烛啊！

流罢！你怎能不流呢？

请将你的脂膏，

不息地流向人间，

培出慰藉的花儿，

结成快乐的果子！

红烛啊！

你流一滴泪，灰一分心。

灰心流泪你的果，创造光明你的因。

红烛啊！

莫问收获，但问耕耘。

练习3：

凤求凰

司马相如

有一美人兮，见之不忘。

一日不见兮，思之如狂。

凤飞翱翔兮，四海求凰。

无奈佳人兮，不在东墙。

将琴代语兮，聊写衷肠。

何日见许兮，慰我彷徨。

愿言配德兮，携手相将。

不得于飞兮，使我沦亡。

凤兮凤兮归故乡，遨游四海求其凰。

时未遇兮无所将，何悟今兮升斯堂！

有艳淑女在闺房，室迩人遐毒我肠。

何缘交颈为鸳鸯，胡颉颃兮共翱翔！

凰兮凰兮从我栖，得托孳尾永为妃。

交情通意心和谐，中夜相从知者谁？

双翼俱起翻高飞，无感我思使余悲。

练习4：

读 书

老 舍

若是学者才准念书，我就什么也不要说了。大概书不是专为学者预备的；那么，我可要多嘴了。

从我一生下来直到如今，没人盼望我成个学者；我永远喜欢服从多数人的意见。可是我爱念书。

书的种类很多，能和我有交情的可很少。我有决定念什么的全权；自幼儿我就会逃学，愣挨板子也不肯说我爱《三字经》和《百家姓》。对，《三字经》便可以代表一类——这类书，据我看，顶好在判了无期徒刑后去念，反正活着也没多大味儿。这类书可真不少，不知道为什么；也许是犯无期徒刑罪的太多；要不然便是太少——我自己就常想杀些写这类书的人。我可是还没杀过一个，一来是因为——我才明白过来——写这样书的人敢情有好些已经死了，比如写《尚书》的那位李二哥。二来是因为现在还有些人专爱念这类书，我不便得罪人太多了。顶好，我看是不管别人；我不爱念的就不动好了。好在，我爸爸没希望我成个学者。

第二类书也与咱无缘：书上满是公式，没有一个"然而"

和"所以"。据说，这类书里藏着打开宇宙秘密的小金钥匙。我倒久想明白点真理，如地是圆的之类；可是这种书别扭，它老瞪着我。书不老老实实地当本书，瞪人干吗呀？我不能受这个气！有一回，一位朋友给我一本《相对论原理》，他说：明白这个就什么都明白了。我下了决心去念这本宝贝书。读了两个"配纸"，我遇上了一个公式。我跟它"相对"了两点多钟！往后边一看，公式还多了去啦！我知道和它们"相对"下去，它们也许不在乎，我还活着不呢？

可是我对这类书，老有点敬意。这类书和第一类有些不同，我看得出。第一类书不是没法懂，而是懂了以后使我更糊涂。以我现在的理解力——比上我七岁的时候，我现在满可以作圣人了——我能明白"人之初，性本善"。明白完了，紧跟着就糊涂了；昨儿个晚上，我还挨了小女儿——玫瑰唇的小天使——一个嘴巴。我知道这个小天使性本不善，她才两岁。第二类书根本就看不懂，可是人家的纸上没印着一句废话；懂不懂的，人家不闹玄虚，它瞪我，或者我是该瞪。我的心这么一软，便把它好好放在书架上；好打好散，别太伤了和气。

这要说到第三类书了。其实这不该算一类；就这么算吧，顺嘴。这类书是这样的：名气挺大，念过的人总不肯说它坏，没念过的人老怪害羞地说将要念。譬如说《元曲》，太炎"先生"的文章，罗马的悲剧，辛克莱的小说，《大公报》——不知是哪儿出版的一本书——都算在这类里，这些书我也都拿起来过，随手便又放下了。这里还就属那本《大公报》有点劲。我不害羞，永远不说将要念。好些书的广告与威风是很大的，我只能承认那些广告作得不错，谁管它威风不威风呢。

"类"还多着呢，不便再说；有上面的三项也就足所证明我怎样的不高明了。该说读的方法。

怎样读书，在这里，是个自决的问题；我说我的，没勉强谁跟我学。第一，我读书没系统。借着什么，买着什么，遇着什么，就读什么。不懂的放下，使我糊涂的放下，没趣味的放下，不客气。我不能叫书管着我。

第二，读得很快，而不记住。书要都叫我记住，还要书干吗？书应该记住自己。对我，最讨厌的发问是："那个典故是哪儿的呢？""那句书是怎么来着？"我永不回答这样的考问，即使我记得。我又不是印刷机器养的，管你这一套！读得快，因为我有时候跳过几页去。不合我的意，我就练习跳远。书要是不服气的话，来跳我呀！看侦探小说的时候，我先看最后的几页，省事。

第三，读完一本书，没有批评，谁也不告诉。一告诉就糟："嘿，你读《啼笑因缘》？"要大家都不读《啼笑因缘》，人家写它干吗呢？一批评就糟："尊家这点意见？"我不惹气。读完一本书再打通儿架，不上算。我有我的爱与不爱，存在我自己心里。我爱念什么就念，有什么心得我自己知道，这是种享受，虽然显得自私一点。

再说呢，我读书似乎只要求一点灵感。"印象甚佳"便是好书，我没工夫去细细分析它，所以根本便不能批评。"印象甚佳"有时候并不是全书的，而是书中的一段最入我的味；因为这一段使我对这全书有了好感；其实这一段的美或者正足以破坏了全体的美，但是我不去管；有一段叫我喜欢两天的，我就感谢不尽。因此，设若我真去批评，大概是高明不了。

第四，我不读自己的书，不愿谈论自己的书。"儿子是自己的好"，我还不晓得，因为自己还没有过儿子。有个小女儿，女儿能不能代表儿子，就不得而知。"老婆是别人的好"，我也不敢加以拥护，特别是在家里。但是我准知道，书是别人的好。别人的书自然未必都好，可是至少给我一点我不知道的东西。自己的，一提都头疼！自己的书，和自己的运气，好像永远是一对儿累赘。

第五，哼，算了吧。

练习5：

热爱生命（节选）

杰克·伦敦

一切，总算剩下了这一点——
他们经历了生活的困苦颠连；
能做到这种地步也就是胜利，
尽管他们输掉了赌博的本钱。

他们两个一瘸一拐地，吃力地走下河岸。有一次，走在前面的那个还在乱石中间失足摇晃了一下。他们又累又乏，因为长期忍受苦难，脸上都带着愁眉苦脸、咬牙苦熬的表情。他们肩上捆着用毯子包起来的沉重包袱。总算那条勒在额头上的皮带还得力，帮着吊住了包袱。他们每人拿着一支来福枪。他们弯着腰走路，肩膀冲向前面，而脑袋冲得更前，眼睛总是瞅着地面。

"我们藏在地窖里的那些子弹，我们身边要有两三发就好了。"走在后面的那个人说道。

他的声调，阴沉沉的，干巴巴的，完全没有感情。他冷冷地说着这些话；前面的那个只顾一瘸一拐地向流过岩石、激起一片泡沫的白茫茫的小河里走去，一句话也不回答。

　　后面的那个紧跟着他。他们两个都没有脱掉鞋袜，虽然河水冰冷——冷得他们脚腕子疼痛，两脚麻木。每逢走到河水冲击着他们膝盖的地方，两个人都摇摇晃晃地站不稳。跟在后面的那个在一块光滑的圆石头上滑了一下，差一点摔倒，但是，他猛力一挣，站稳了，同时痛苦地尖叫了一声。他仿佛有点头昏眼花，一面摇晃着，一面伸出那只闲着的手，好像打算扶着空中的什么东西。站稳之后，他再向前走去，不料又摇晃了一下，几乎摔倒。于是，他就站着不动，瞅着前面那个一直没有回过头的人。

　　他这样一动不动地足足站了一分钟，好像心里在说服自己一样。接着，他就叫了起来："喂，比尔，我扭伤脚腕子啦。"

　　比尔在白茫茫的河水里一摇一晃地走着。他没有回头。

　　后面那个人瞅着他这样走去；脸上虽然照旧没有表情，眼睛里却流露着跟一头受伤的鹿一样的神色。

　　前面那个人一瘸一拐，登上对面的河岸，头也不回，只顾向前走去，河里的人眼睁睁地瞅着。他的嘴唇有点发抖，因此，他嘴上那丛乱棕似的胡子也在明显地抖动。他甚至不知不觉地伸出舌头来舐舐嘴唇。

　　"比尔！"他大声地喊着。

　　这是一个坚强的人在患难中求援的喊声，但比尔并没有回头。他的伙伴干瞧着他，只见他古里古怪地一瘸一拐地走着，跌跌冲冲地前进，摇摇晃晃地登上一片不陡的斜坡，向矮山头上不十分明亮的天际走去。他一直瞧着他跨过山头，消失了踪影。于是他掉转眼光，慢慢扫过比尔走后留给他的那一圈世界。

　　靠近地平线的太阳，像一团快要熄灭的火球，几乎被那些混混沌沌的浓雾同蒸气遮没了，让你觉得它好像是什么密密团团，然而轮廓模糊、不可捉摸的东西。这个人单腿立着休息，掏出了他的表，现在是四点钟，在这种七月底或者八月初的季节里——他说不出一两个星期之内的确切的日期——他知道太阳大约是在西北方。他瞧了瞧南面，知道在那些荒凉的小山后面就是大熊湖；同时，他还知道在那个方向，北极圈的禁区界线深入到加拿大冻土地带之内。他所站的地方，是铜矿河的一条支流，铜矿河本身则向北流去，通向加冕湾和北冰洋。他从来没到过那儿，但是，有一次，他在赫德森湾公司的地图上曾经瞧见过那地方。

　　他把周围那一圈世界重新扫了一遍。这是一片叫人看了发愁的景象。到处都是模糊的天际线。小山全是那么低低的。没有树，没有灌木，没有草——什么都没有，只有一片辽阔可怕的荒野，迅速地使他两眼露出了恐惧神色。

"比尔！"他悄悄地、一次又一次地喊道，"比尔！"

他在白茫茫的水里畏缩着，好像这片广大的世界正在用压倒一切的力量挤压着他，正在残忍地摆出得意的威风来摧毁他。他像发疟子似的抖了起来，连手里的枪都哗喇一声落到水里。这一声总算把他惊醒了。他和恐惧斗争着，尽力鼓起精神，在水里摸索，找到了枪。他把包袱向左肩挪动了一下，以便减轻扭伤的脚腕子的负担。接着，他就慢慢地，小心谨慎地，疼得闪闪缩缩地向河岸走去。

他一步也没有停。他像发疯似的拼着命，不顾疼痛，匆匆登上斜坡，走向他的伙伴失去踪影的那个山头——比起那个瘸着腿，一瘸一拐的伙伴来，他的样子更显得古怪可笑。可是到了山头，只看见一片死沉沉的、寸草不生的浅谷。他又和恐惧斗争着，克服了它，把包袱再往左肩挪了挪，蹒跚地走下山坡。

谷底一片潮湿，浓厚的苔藓，像海绵一样，紧贴在水面上。他走一步，水就从他脚底下溅射出来，他每次一提起脚，就会引起一种吧咂吧咂的声音。因为潮湿的苔藓总是吸住他的脚，不肯放松。他挑着好路，从一块沼地走到另一块沼地，并且顺着比尔的脚印，走过一堆一堆的、像突出在这片苔藓海里的小岛一样的岩石。

　　他虽然孤零零的一个人，却没有迷路。他知道，再往前去，就会走到一个小湖旁边，那儿有许多极小极细的枯死的枞树，当地的人把那儿叫作"提青尼其利"——意思是"小棍子地"。而且，还有一条小溪通到湖里，溪水不是白茫茫的。

　　溪上有灯芯草——这一点他记得很清楚——但是没有树木，他可以沿着这条小溪一直走到水源尽头的分水岭。他会翻过这道分水岭，走到另一条小溪的源头，这条溪是向西流的，他可以顺着水流走到它注入狄斯河的地方，那里，在一条翻了的独木船下面可以找到一个小坑，坑上面堆着许多石头。这个坑里有他那支空枪所需要的子弹，还有钓钩、钓丝和一张小渔网——打猎钓鱼求食的一切工具。同时，他还会找到面粉——并不多——此外还有一块腌猪肉同一些豆子。

　　比尔会在那里等他的，他们会顺着狄斯河向南划到大熊湖。接着，他们就会在湖里朝南方划，一直朝南，直到麦肯齐河。到了那里，他们还要朝着南方，继续朝南方走去，那么冬天就怎么也赶不上他们了。让湍流结冰吧，让天气变得更凛冽吧，他们会向南走到一个暖和的赫德森湾公司的站头，那儿不仅树木长得高大茂盛，吃的东西也多得不得了。

这个人一路向前挣扎的时候，脑子里就是这样想的。他不仅苦苦地拼着体力，也同样苦苦地绞着脑汁，他尽力想着比尔并没有抛弃他，想着比尔一定会在藏东西的地方等他。

他不得不这样想，不然，他就用不着这样拼命，他早就会躺下来死掉了。当那团模糊的像圆球一样的太阳慢慢向西北方沉下去的时候，他一再盘算着在冬天追上他和比尔之前，他们向南逃去的每一寸路。他反复地想着地窖里和赫德森湾公司站头上的吃的东西。他已经两天没吃东西了；至于没有吃到他想吃的东西的日子，那就更不止两天了。他常常弯下腰，摘起沼地上那种灰白色的浆果，把它们放到口里，嚼几嚼，然后吞下去。这种沼地浆果只有一小粒种籽，外面包着一点浆水。一进口，水就化了，种籽又辣又苦。他知道这种浆果并没有养分，但是他仍然抱着一种不顾道理、不顾经验教训的希望，耐心地嚼着它们。

走到九点钟，他在一块岩石上绊了一下，因为极端疲倦和衰弱，他摇晃了一下就栽倒了。他侧着身子、一动也不动地躺了一会儿。接着，他从捆包袱的皮带当中脱出身子，笨拙地挣扎起来勉强坐着。这时候，天还没有完全黑，他借着流连不散的暮色，在乱石中间摸索着，想找到一些干枯的苔藓。后来，他收集了一堆，就升起一蓬火——一蓬不旺的、冒着黑烟的火——并且放了一白铁罐子水在上面煮着。

他打开包袱，第一件事就是数数他的火柴。一共六十六根。为了弄清楚，他数了三遍。他把它们分成几份，用油纸包起来，一份放在他的空烟草袋里，一份放在他的破帽子的帽圈里，最后一份放在贴胸的衬衫里面。做完以后，他忽然感到一阵恐慌，于是把它们完全拿出来打开，重新数过。

仍然是六十六根。

他在火边烘着潮湿的鞋袜。鹿皮鞋已经成了湿透的碎片。毡袜子有好多地方都磨穿了，两只脚皮开肉绽，都在流血。一只脚腕子胀得血管直跳，他检查了一下。它已经肿得和膝盖一样粗了。他一共有两条毯子，他从其中的一条撕下一长条，把脚腕子捆紧。此外，他又撕下几条，裹在脚上，代替鹿皮鞋和袜子。接着，他喝完那罐滚烫的水，上好表的发条，就爬进两条毯子当中。

他睡得跟死人一样。午夜前后的短暂的黑暗来而复去。

太阳从东北方升了起来——至少也得说那个方向出现了曙光，因为太阳给乌云遮住了。

六点钟的时候，他醒了过来，静静地仰面躺着。他仰视着灰色的天空，知道肚子饿了。当他撑住胳膊肘翻身的时候，一种很大的呼噜声把他吓了一跳，他看见了一只公鹿，它正在用机警好奇的眼光瞧着他。这个牲畜离他不过五十尺光景，他脑子里立刻出现了鹿肉排在火上烤得咝咝响的情景和滋味。他无意识地抓起了那支空枪，瞄好准星，扣了一下扳机。公鹿哼了一下，一跳就跑开了，只听见它奔过山岩时蹄子嘚嘚乱响的声音。

这个人骂了一句，扔掉那支空枪。他一面拖着身体站起来，一面大声地哼哼。这是一件很慢、很吃力的事。他的关节都像生了锈的铰链。它们在骨臼里的动作很迟钝，阻力很大，一屈一伸都得咬着牙才能办到。最后，两条腿总算站住了，但又花了一分钟左右的工夫才挺起腰，让他能够像一个人那样站得笔直。

他慢腾腾地登上一个小丘，看了看周围的地形。既没有树木，也没有小树丛，什么都没有，只看到一望无际的灰色苔藓，偶尔有点灰色的岩石，几片灰色的小湖，几条灰色的小溪，算是一点变化点缀。天空是灰色的，没有太阳，也没有太阳的影子。他不知道哪儿是北方，他已经忘掉了昨天晚上他是怎样取道走到这里的。不过他并没有迷失方向。

这他是知道的。不久他就会走到那块"小棍子地"。他觉得它就在左面的什么地方，而且不远——可能翻过下一座小山头就到了。

于是他就回到原地，打好包袱，准备动身。他摸清楚了那三包分别放开的火柴还在，虽然没有停下来再数数。不过，他仍然踌躇了一下，在那儿一个劲地盘算，这次是为了一个厚实的鹿皮口袋。袋子并不大。他可以用两只手把它完全遮没。他知道它有十五磅重——相当于包袱里其他东西的总和——这个口袋使他发愁。最后，他把它放在一边，开始卷包袱。可是，卷了一会儿，他又停下手，盯着那个鹿皮口袋。他匆忙地把它抓到手里，用一种反抗的眼光瞧瞧周围，仿佛这片荒原要把它抢走似的；等到他站起来，摇摇晃晃地开始这一天的路程的时候，这个口袋仍然包在他背后的包袱里。

他转向左面走着，不时停下来吃沼地上的浆果。扭伤的脚腕子已经僵了，他比以前跛得更明显，但是，比起肚子里的痛苦，脚疼就算不了什么。饥饿的疼痛是剧烈的。

它们一阵一阵地发作，好像在啃着他的胃，疼得他不能把思想集中在到"小棍子地"必须走的路线上。沼地上的浆果并不能减轻这种剧痛，那种刺激性的味道反而使他的舌头和口腔热辣辣的。

他走到了一个山谷，那儿有许多松鸡从岩石和沼地里呼呼地拍着翅膀飞起来。它们发出一种"咯儿－咯儿－咯儿"的叫声。他拿石子打它们，但是打不中。他把包袱放在地上，像猫捉麻雀一样地偷偷走过去。锋利的岩石穿过他的裤子，划破了他的腿，直到膝盖流出的血在地面上留下一道血迹；但是在饥饿的痛苦中，这种痛苦也算不了什么。他在潮湿的苔藓上爬着，弄得衣服湿透，身上发冷；可是这些他都没有觉得，因为他想吃东西的念头那么强烈。而那一群松鸡却总是在他面前飞起来，呼呼地转，到后来，它们那种"咯儿—咯儿—咯儿"的叫声简直变成了对他的嘲笑，于是他就咒骂它们，随着它们的叫声对它们大叫起来。

有一次，他爬到了一定是睡着了的一只松鸡旁边。他一直没有瞧见，直到它从岩石的角落里冲着他的脸蹿起来，他才发现。他像那只松鸡起飞一样惊慌，抓了一把，只捞到了三根尾巴上的羽毛。当他瞅着它飞走的时候，他心里非常恨它，好像它做了什么对不起他的事。随后他回到原地，背起包袱。

时光渐渐消逝，他走进了连绵的山谷，或者说是沼地，这些地方的野物比较多。一群驯鹿走了过去，大约有二十多头，都呆在可望而不可即的来福枪的射程以内。他心里有一种发狂似的想追赶它们的念头，而且相信自己一定能追上去捉住它们。一只黑狐狸朝他走了过来，嘴里叼着一只松鸡。这个人喊了一声。这是一种可怕的喊声，那只狐狸吓跑了，可是没有丢下松鸡。

傍晚时，他顺着一条小河走去，由于含着石灰而变成乳白色的河水从稀疏的灯芯草丛里流过去。他紧紧抓住这些灯芯草的根部，拔起一种好像嫩葱芽，只有木瓦上的钉子那么大的东西。这东西很嫩，他的牙齿咬进去，会发出一种咯吱咯吱的声音，仿佛味道很好。但是它的纤维却不容易嚼。

它是由一丝丝的充满了水分的纤维组成的：跟浆果一样，完全没有养分。他丢开包袱，爬到灯芯草丛里，像牛似的大咬大嚼起来。他非常疲倦，总希望能歇一会儿——躺下来睡个觉；可是他又不得不继续挣扎前进——不过，这并不一定是因为他急于要赶到"小棍子地"，多半还是饥饿在逼着他。他在小水坑里找青蛙，或者用指甲挖土找小虫，虽然他也知道，在这么远的北方，是既没有青蛙也没有小虫的。

　　他瞧遍了每个水坑，都没有用，最后，到了漫漫的暮色袭来的时候，他才发现一个水坑里有一条独一无二的像鲦鱼般的小鱼。他把胳膊伸下水去，一直没到肩头，但是它又溜开了。于是他用双手去捉，把池底的乳白色泥浆全搅浑了。正在紧张的关头，他掉到了坑里，半身都浸湿了。现在，水太浑了，看不清鱼在哪儿，他只好等着，等泥浆沉淀下去。

　　他又捉起来，直到水又搅浑了。可是他等不及了，便解下身上的白铁罐子，把坑里的水舀出去；起初，他发狂一样地舀着，把水溅到自己身上，同时，因为泼出去的水距离太近，水又流到坑里。

第六章

诗歌朗诵

古语说得好："腹有诗书气自华。"诗歌朗诵是朗诵者自身修养和素质的重要体现。在进阶训练这一阶段，我会带领大家从格律诗、古体诗、词和现代自由体诗歌四个部分研习关于诗歌朗诵的步骤和技巧。

格律诗

首先来说格律诗，它主要是指中国古代汉语诗歌中的绝句和律诗。格律诗的特征为每行字数相同，十分讲究押韵，言之有物并且意象丰富。我们在朗诵格律诗的时候，可以发现一些规律，即诗歌共性的韵律等。不过更重要的是，我们需要把握每一首诗中的思想感情和表达主旨，这才是诗歌真正个性的部分，寻找出不一样的意境和韵味，让每首诗都有属于自己的灵魂。接下来我们从四个步骤一起研习关于格律诗朗诵创作的具体方法。

当我们拿到一首格律诗时，第一步要了解这首诗的创作背景。一方面要熟知诗人的经历，另一方面要了解创作这首诗的背景。因为只有从根本上把握诗人的思想和心境，才可以用恰当的方式进行朗诵创作。比如大家熟悉的李白的《静夜思》，这首诗写的是李白在异乡漂泊时对家乡的思念之情。第二步要注意韵律。格律诗讲究押韵、对仗工整、平仄协调，我们可以用"点诵"的技巧来达到想要的效果。关于"点诵"我将在下一章和大家交流讨论。朗诵格律诗，可以先使用重音、停顿或延长的方法表现诗的节奏，但是过犹不及，对于这种技巧的使用不可千篇一律，否则会给人留下刻板印象，所以还是要在理解的基础上进行演绎。比如朗诵柳宗元《江雪》的"千山鸟飞绝，万径人踪灭"时，可以划分为"二三"的结构，即"千山／鸟飞绝，万径／人踪灭"，大家可以采用停顿、延长或突出重音的方式进行自然流畅的表达。第三步要对比呼应。对比之前我们提到的在押韵的基础上有起伏和变化，用抑扬顿挫的方式使意象更加立体，富有画面感。比如张九龄《望月怀远》的"海上生明月，天涯共此时"，当我们朗诵到"海上"的时候，要有一种辽阔之感，似乎眼前就是一望无际的大海，而朗诵到"明月"时，发音吐字要给人一种饱满和明亮之感，从而让人感受到明月的光亮。

第四步就是把握节奏。刚刚我们多在说每一句诗应该如何处理，既然是一首诗，那么除了每一句都有的变化，也不能忽视对诗歌整体的把握。因为平仄和韵脚在格律诗中反复出现，节奏在变化中就呈现出回环往复的特点。比如杜甫《春夜喜雨》中最后一句"润物细无声"，由于这是整首诗的收束部分，所以语势呈现下降的趋势，但是这首诗是欣喜好雨来得及时，所以最后一句语势下降的时候可以微微上挑一些，从而保持整首诗的韵律节奏和情感节奏。接下来我们用具体篇目一起练习。

练习提示：苏轼的《题西林壁》内容不难理解，却有着丰富的哲理和情趣。第一句中"横"和"侧"就是两种不一样的表达方式："横"字要将字拉开，突出眼前景象的气势；"侧"则应该把字进行适当压缩，使景象更加立体和具备方位感，为下文做好铺垫。第二句中"远近高低"

四个字需要我们进行对比处理，从而才可以把"各不同"更加顺理成章地表达出来。第三句的"不识庐山"可以稍微加快处理，运用"点诵"的技巧突出"真"字，因为它是这一句的语势最高点。最后一句的语势略低于第三句，却是本诗升华和精髓的部分，有一种"自己就是在这儿"的感觉。

题西林壁

苏 轼

横看成岭侧成峰，
远近高低各不同。
不识庐山真面目，
只缘身在此山中。

延展练习：运用格律诗朗诵创作的四个步骤，试着分析刘禹锡的《八月十五日夜玩月》。可以先把对这首诗的朗诵思路写下来，然后进行练习。

八月十五日夜玩月

刘禹锡

天将今夜月，一遍洗寰瀛。

暑退九霄净，秋澄万景清。

星辰让光彩，风露发晶英。

能变人间世，翛然是玉京。

古体诗

　　诗歌朗诵的第二部分是古体诗。古体诗相对于我们之前一起探讨学习的格律诗更加自由，没有固定的句式，所以我们在朗诵的过程中可以更加灵动洒脱自由。不过也要把握一个前提，那就是所有的改变和创作都要有依据所寻，需要了解每一首古体诗的内容后进行合理的创作，所以这样的不受约束并不是任意而为之。接下来我们从三个方面一起研习关于古体诗朗诵创作的具体方法。

　　第一步是了解背景。因为古体诗没有格律诗那样较为严格的限制，少了很多共性的部分，所以在了解背景的过程中需要投入更多的精力和时间。另外，由于古体诗的表现方式灵活，篇幅往往相对较长，所以前期的案头工作尤为关键，不要浮躁，要沉下心来钻研。比如《木兰诗》，大家都知道它是叙述木兰替父从军的故事，从诗歌开篇到结束我们不难发现叙事比重较大。但正是因为情节不断向前发展，我们可以细细琢磨木兰心理状态的改变，从而把握这首诗真正想要表达的情感和思想。第二步是变中求稳。朗诵古体诗，有助于我们突破束缚，放开自己，但是这并不代表没有规律可循，要在灵活多变的句式中找到相似的部分。比如张若虚《春江花月夜》中"江流宛转绕芳甸，月照花林皆似霰。空里流霜不觉飞，汀上白沙看不见"，这四句诗都在描述不同的场景，有远有近，有高有低，有动有静，有清晰也有模糊，但无论对比多么强烈都是眼前的画面，所以朗诵的时候要保持形散神不散的效果。第三步是体现风格。由于古体诗创作的题材众多，内容各异，可能写人，可能叙事，可能写物或景。古体诗的风格可能是肆意洒脱或是现实犀利，想要表达的思想感情也不一样，所以要学会正确把握，抓住自己所朗诵的古体诗的灵魂所在。比如陶渊明的《归园田居》开篇就写"少无适俗韵，性本爱丘山"，点明诗人对田园生活的向往、对大自然的热爱和与世无争的性情。为了进一步体会古体诗的丰富性，我们选择具有代表性的诗歌进行练习。

练习提示：《将进酒》这首古体诗的抒情性强，但不是毫无节制，要根据内容的变化而调整情绪和语气，做到收放自如。比如"君不见，黄河之水天上来"这一开头，前三个字"君不见"声音可以稍微弱一点，先抑后扬，为了突出后面"天上来"，给人一种磅礴大气之感。作为李白的名篇，其有积极乐观的部分，也有踌躇悲伤的地方：积极乐观体现在诗人浪漫不羁的个性，踌躇悲伤则展现在感慨时光易逝，诗人内心壮志未酬的遗憾。对于这样情感强烈变化的诗，朗诵时要避免每个字都同样用力，而是要学会虚实结合，形成各自的独特表达。

将进酒

李 白

君不见，黄河之水天上来，奔流到海不复回。
君不见，高堂明镜悲白发，朝如青丝暮成雪。
人生得意须尽欢，莫使金樽空对月。
天生我材必有用，千金散尽还复来。
烹羊宰牛且为乐，会须一饮三百杯。
岑夫子，丹丘生，将进酒，杯莫停。
与君歌一曲，请君为我倾耳听。

钟鼓馔玉不足贵，但愿长醉不复醒。

古来圣贤皆寂寞，惟有饮者留其名。

陈王昔时宴平乐，斗酒十千恣欢谑。

主人何为言少钱，径须沽取对君酌。

五花马，千金裘，呼儿将出换美酒，与尔同销万古愁。

延展练习： 在了解诗人李白的个人经历和写作风格的基础之上，认真分析本诗的创作背景。开篇诗人为什么面对美酒佳肴却无心饮食？中间的"闲来垂钓"与"欲渡黄河冰塞川"和"将登太行雪满山"如此矛盾的对比，表达诗人怎样的情感？诗人最后一句"长风破浪会有时，直挂云帆济沧海"的用意是什么，想要表达怎样的思想情感？

行路难

李 白

金樽清酒斗十千，玉盘珍羞值万钱。

停杯投箸不能食，拔剑四顾心茫然。

欲渡黄河冰塞川，将登太行雪满山。

闲来垂钓碧溪上，忽复乘舟梦日边。

行路难！行路难！多歧路，今安在？

长风破浪会有时，直挂云帆济沧海。

　　练习提示：《短歌行》是曹操的代表作之一，写的是诗人求贤若渴的思想和统一天下的雄心壮志。这首诗一共三十二句，可以划分为四个层次，每八句为一个层次。第一层次写诗人借酒消愁，内心苦闷的心情，朗诵的时候要放慢节奏，声音低沉，渐渐地走近诗人的内心。第二层次表达诗人对于贤才的渴慕之情，朗诵的时候节奏逐步加快。第三层次表达的是等待贤才出现的着急和忧思，与上一层次形成鲜明的对比。第四层次表达诗人内心的真实态度，表明自己的雄心壮志。

短歌行

曹 操

对酒当歌，人生几何！
譬如朝露，去日苦多。
慨当以慷，忧思难忘。
何以解忧？唯有杜康。
青青子衿，悠悠我心。
但为君故，沉吟至今。
呦呦鹿鸣，食野之苹。
我有嘉宾，鼓瑟吹笙。
明明如月，何时可掇？
忧从中来，不可断绝。
越陌度阡，枉用相存。
契阔谈䜩，心念旧恩。
月明星稀，乌鹊南飞。
绕树三匝，何枝可依？
山不厌高，海不厌深。
周公吐哺，天下归心。

延展练习：在老师或家长的引导下，了解屈原的个人经历，以及这首诗的创作背景。试着划分层次，理解内容后再进行朗诵创作。

国 殇

屈 原

操吴戈兮被犀甲，车错毂兮短兵接。

旌蔽日兮敌若云，矢交坠兮士争先。

凌余阵兮躐余行，左骖殪兮右刃伤。

霾两轮兮絷四马，援玉枹兮击鸣鼓。

天时怼兮威灵怒，严杀尽兮弃原野。

出不入兮往不反，平原忽兮路超远。

带长剑兮挟秦弓，首身离兮心不惩。

诚既勇兮又以武，终刚强兮不可凌。

身既死兮神以灵，魂魄毅兮为鬼雄。

词作为我们古典文学中的重要组成部分，在宋代的时候达到巅峰。词的句式长短不一、错落有致，表达方式多变，风格或婉约或豪放，成为热爱朗诵的朋友们的首选。词一开始是有伴唱的，所以在自由的变化中又有节奏和旋律可循。词的朗诵，可以分下面四个步骤：

第一步是了解词牌。因为当我们熟悉词牌后，才更清楚句式的写作手法、铺排对仗。了解词牌是我们朗诵好一首词的基础和根本。比如李清照的《如梦令》中，"争渡，争渡，惊起一滩鸥鹭"就严格遵守了词牌"平仄，平仄（叠句），（仄）仄仄平平仄"的格式。第二步是要熟悉词的内容。很多词人喜欢使用典故，如果我们对于典故一知半解甚至完全不理解，那么朗诵只能停留在表面，无法真正深入。比如苏轼的《念奴娇·赤壁怀古》中的"故垒西边，人道是，三国周郎赤壁"，就是借用赤壁的景色和周瑜的气魄来抒发自己内心的情感。第三步是学会处理句群。句群简单来说是划分层次，但是又不仅仅停留在层次的变化，而是明白每句之间内在的关系，让每个部分在统一中各有特色。比如范仲淹的《苏幕遮》，上阕"碧云天，黄叶地，秋色连波，波上寒烟翠"写的是景色，而景中又暗含着词人思乡的情感；"山映斜阳天接水，芳草无情，更在斜阳外"这句不仅写了情，而且也为下阕的开始做了很好的铺垫。下阕重在抒情，一句"夜夜除非，好梦留人睡"和"酒入愁肠，化作相思泪"凸显词人的思乡之情，内心的痛苦无以复加。第四步是凸显特色。词的朗诵创作需要对作品个性特征进行深入分析和了解，避免雷同和色彩单一，或处理得过于草率和粗糙。比如苏轼的《江城子·密州出猎》和李煜的《相见欢》，两种截然不同的风格，前者"老夫聊发少年狂，左牵黄，右擎苍，锦帽貂裘，千骑卷平冈"展现的是苏轼的豪放胸襟和强有力的气场，后者"无言独上西楼，月如钩，寂寞梧桐深院锁清秋"表达的却是凄凉之情和寂寞之感，让人感到异常抑郁和苦闷。在接下来的练习中，我将带着大家具体分析朗诵词的四个步骤。

练习提示： 晏殊的《浣溪沙》表达的是词人内心淡淡的悲伤，给人带来的是孤独和无奈之感。词分为上下两阕，每阕各三句，每句七个字。上阕中"夕阳西下几时回"不需要刻意去追求结束感，而应把其当作开启下阕的过渡部分，所以朗诵时可以适当放慢语速，或者安排适当的停顿。下阕中"小园香径独徘徊"的"独徘徊"应逐渐放慢，语势下坠，这里才是真正的完结部分。

浣溪沙

晏 殊

一曲新词酒一杯。
去年天气旧亭台。
夕阳西下几时回？

无可奈何花落去，
似曾相识燕归来。
小园香径独徘徊。

延展练习：在老师或家长的带领下，按照朗诵词创作
的四个步骤进行分析，掌握《少年游》这首词，了解上阕
和下阕的侧重点在哪里，体会柳永创作这首词时的内心
世界。

少年游

柳永

参差烟树灞陵桥，

风物尽前朝。

衰杨古柳，

几经攀折，

憔悴楚宫腰。

夕阳闲淡秋光老，

离思满蘅皋。

一曲阳关，

断肠声尽，

独自凭兰桡。

练习提示：陆游和唐琬的《钗头凤》写的是他们两人的爱情悲剧。两人本是恩爱的夫妻，却因为陆游母亲的反对被迫分开，词中饱含他们的真挚情感和离异以后的痛苦之情。陆游词中的"错，错，错"一气呵成，表达内心的无奈之情；"莫，莫，莫"表达无奈和遗憾之情，及深深的无力感。

钗头凤

陆 游

红酥手，
黄縢酒，
满城春色宫墙柳。
东风恶，
欢情薄，
一怀愁绪，
几年离索。
错，错，错！

春如旧，
人空瘦，

泪痕红浥鲛绡透。

桃花落，

闲池阁。

山盟虽在，

锦书难托。

莫，莫，莫！

延展练习：上一首词我们一起体会了陆游对前妻的思念与无奈之情，下面这一首词是唐琬的和词，从她的角度来看待这一段情感，表达内心的委屈和无奈之情。

钗头凤

唐 琬

世情薄，

人情恶，

雨送黄昏花易落。

晓风干，

泪痕残，

欲笺心事，

独语斜阑。

难，难，难！

人成各，

今非昨，

病魂常似秋千索。

角声寒，

夜阑珊，

怕人寻问，

咽泪装欢。

瞒，瞒，瞒！

现代自由体诗歌

　　本章的最后我们一起学习关于现代自由体诗歌的朗诵。在第一册我们初步接触了现代诗，也学习了现代诗朗诵的创作步骤，在这里我们继续深入研习。这里朗诵的篇目比之前更加具有挑战性，练习提示的部分也更为深入，旨在进一步提高我们的朗诵水平。现在我就用曾卓的作品《老水手的歌》简要分享自己的心得感悟。诗人曾卓年轻时投入了革命，在白色恐怖的年代勇敢无畏，他把自己比作老水手，借这首诗抒发自己老骥伏枥，但仍然向往真正的故乡或者是曾经的战场，即大海。老水手昔日在海上所经历的一切，也就是一位真正的革命者精彩壮丽人生的写照，白发人以坦荡的胸怀回首往事，使读者也能感受到诗人那份炽热而强烈的情感。

从诗歌的开头部分一直到"他低声地唱起了／一支古老的水手的歌"，从"当年漂泊在大海上"到"他怀念大海，向往大海"，以第三人称的语气来朗诵，从旁观者的角度，让人物形象更加立体和客观。在朗诵处理的过程中，可以稍微放松一些，舒展而低缓。"……海风使我心伤／波涛使我愁／看晚星引来乡梦上心头……"和"……看晚星引来乡梦上心头"这两处则用第一人称来处理，虽然不一定是真的唱出来，但是一定要让人听出这是歌词，所以要处理得类似于唱歌，偏向于倾诉的状态。"风暴、巨浪、暗礁、漩涡／和死亡搏斗而战胜死亡……／壮丽的日出日落／黑暗中灯塔的光芒／新的港口新的梦想……／——呵，闪光的青春／无畏的斗争／生死同心的伙伴／梦境似的大海"这一部分有人会选择用第三人称处理，但我认为第一人称能更好地表现老水手浓厚的情感，同时语言相对收敛，落地有声。所以这首诗要特别注意的问题在于处理好朗诵中跳进跳出的过程，契合整首诗的表现基调，否则会让人感觉云里雾里，不知所云。为了更好地表现诗人追求理想并且无怨无悔的性格特征，可以在第一人称的时候采取大放开、大起伏的方式。如"像老战马悲壮地长啸着／怀念旧战场"，这里声音上可以采取一些化妆塑造的技巧，好像老战马的长啸一般震撼人心，一直到最后选择跳回到第三人称的处理，字字浓情地讴歌像曾卓这样的老一辈革命家的大情怀和大气魄，带给人一种荡气回肠的感觉。

老水手的歌

曾 卓

老水手坐在岩石上

敞开衣襟，像敞开他的心

面向大海

他的银发在海风中飘动

他呼吸着海的气息

他倾听着海的涛声

他凝望：

无际的远天

灿烂的晚霞

点点的帆影

飞翔的海燕……

他的昏花的眼中

渐渐浮闪着泪光

他低声地唱起了

一支古老的水手的歌

"……海风使我心伤

波涛使我愁

看晚星引来乡梦上心头……"

当年漂泊在大海上

在星光下

他在歌声中听到了

故乡的小溪潺潺流

而今，老年在故乡

他却又路远迢迢地

来看望大海

他怀念大海，向往大海；

风暴、巨浪、暗礁、漩涡

和死亡搏斗而战胜死亡……

壮丽的日出日落

黑暗中灯塔的光芒

新的港口新的梦想……

——呵，闪光的青春

无畏的斗争

生死同心的伙伴

梦境似的大海

"……看晚星引来乡梦上心头"

像老战马悲壮地长啸着

怀念旧战场

老水手在歌声中

怀念他真正的故乡

夜来了

海上星星闪烁

涛声应和着歌声

白发的老水手坐在岩石上

面向大海，敞开衣襟

像敞开他的心

延展练习：一开始由两人组合进行《老水手的歌》的朗诵创作，一个人负责第三人称部分，另一个人负责老水手的独白和唱歌部分，调动内心的情感；然后由每人独自

创作《老水手的歌》，包括场景设计和动作设计。

练习提示：《我愿意是急流》是匈牙利伟大的爱国诗人裴多菲于 1847 创作的。当时，诗人正准备和恋人步入婚姻的殿堂，内心燃起激情与真爱的火焰，写下了这首爱情诗。

从感情基调来说，全诗共五节，每节都以"我愿意"开头。"我愿意"三个字是诗人对爱的承诺，要读出诗人无私、厚重、深切的情感。

从表现手法来说，诗人借物抒情，运用色彩反差的意象来描述"我"与"爱人"在爱情生活中的位置：比喻自己是"急流""荒林""废墟""草屋""云朵"和"破旗"，比喻爱人是"小鱼""小鸟""常春藤""火焰"和"夕阳"。前一组意象荒凉、残败，后一组意象自由、热情，二者形成鲜明的反差，恰好表达了诗人纯洁而坚贞、博大而无私的爱。朗诵的时候，要读出两组意象不同的情感意蕴。

从章法结构和诗句理解来说，全诗五节围绕同一中心，反复吟唱，但反复而不重复，每节诗的情感表达各有侧重。第一节中，"急流""小河"要穿越"崎岖的路"和层层"岩石"，意味着爱情生活会有艰难险阻；第二节中，"荒林"同"一阵阵的狂风"作战，意味着爱情路上会遭受磨难和打击；第三节中，"废墟"本已被遗弃，并正在静默地毁灭，表明诗人愿为爱情付出一切；第四节中，谷底的"草屋"则突出了诗人处境的孤危；第五节中，飘来荡去的"云朵"又昭示了诗人必然浪迹天涯的一生。凡此种种，都展现了主人公不屈的意志和忠贞的爱恋。朗诵的时候，在把握整首诗的感情基调的同时，也要处理好每节诗的情感色彩。

总之，《我愿意是急流》是一首感情深沉、真挚的爱情诗，朗诵的声音要饱满、沉稳，不要追求高亢、华丽。

我愿意是急流

裴多菲

我愿意是急流，
山里的小河，
在崎岖的路上、
岩石上经过……
只要我的爱人
是一条小鱼，

在我的浪花中
快乐地游来游去。

我愿意是荒林，
在河流的两岸，
对一阵阵的狂风，
勇敢地作战……
只要我的爱人
是一只小鸟，
在我的稠密的
树枝间做窠，鸣叫。

我愿意是废墟，
在峻峭的山岩上，
这静默的毁灭
并不使我懊丧……
只要我的爱人
是青青的常春藤，

沿着我荒凉的额，
亲密地攀援上升。

我愿意是草屋，
在深深的山谷底，
草屋的顶上
饱受风雨的打击……
只要我的爱人
是可爱的火焰，
在我的炉子里，
愉快地缓缓闪现。

我愿意是云朵，
是灰色的破旗，
在广漠的空中，
懒懒地飘来荡去……
只要我的爱人
是珊瑚似的夕阳，

傍着我苍白的脸，

显出鲜艳的辉煌。

延展练习：针对语言色彩的练习，可以选择一个喜欢的人或者喜爱的事物，用不同的方式表达出来，分别是：呐喊的状态，轻轻地说，呼救的状态。

练习提示：《我是一个任性的孩子》是中国朦胧诗派诗人顾城的早期代表作。1968 年，12 岁的顾城辍学在家，1969 年随父亲下放到山东一部队农场，在那里度过了 5 年。童年的经历让顾城有过种种与大自然身心交融的机会，他在大自然中忘却现实中的种种忧伤和烦恼，进入一种自由的境界。这自由的境界就成了他执着追求的幻想世界。

在《我是一个任性的孩子》中，诗人以一个孩子的眼光和心灵去观察和感受世界，希望用彩色蜡笔在幻想的世界里勾画出一幅幅人生蓝图，画下"笨拙的自由""永远不会流泪的眼睛""没有痛苦的爱情"。然而，这幻想的美好蓝图在现实世界中能实现吗？诗人离开幻想回到现实。"没有领到蜡笔"，指"我"的理想蓝图并没有得到社会的认同，因而，"我"在绝望中"只有撕碎那一张张心爱的白纸"。"白纸"指"自我"、生命或没有写出的诗。但诗人是否从此就停止对幻想的追求了呢？不。诗的最后一节再次点明，"我"是"一个被幻想妈妈宠坏的孩子"，"我"任性，将仍然执着地追求幻想。

通过以上分析，朗诵这首诗时要读出童年美妙的幻想和追求、淡淡的忧伤和执着。在感情处理上，从诗歌开头到"我还想画下未来"之前，可以读得清新、明快；从"我是一个任性的孩子"到"最后，在纸角上"之前，是诗歌主题深化的部分，要读出宏大的意境和炽烈的情感；从"我在希望"到结尾，是诗人从幻想回到现实的自语，有些伤感，但仍然"任性"地相信未来，朗诵声音可以低沉、坚定。

我是一个任性的孩子

顾 城

也许
我是被妈妈宠坏的孩子
我任性

我希望
每一个时刻
都像彩色蜡笔那样美丽
我希望
能在心爱的白纸上画画
画出笨拙的自由
画下一只永远不会
流泪的眼睛
一片天空
一片属于天空的羽毛和树叶
一个淡绿的夜晚和苹果
我想画下早晨
画下露水
所能看见的微笑

画下所有最年轻的
没有痛苦的爱情
画下想象中
我的爱人
她没有见过阴云
她的眼睛是晴空的颜色
她永远看着我
永远，看着
绝不会忽然掉过头去
我想画下遥远的风景
画下清晰的地平线和水波
画下许许多多快乐的小河
画下丘陵——
长满淡淡的茸毛
我让它们挨得很近
让它们相爱
让每一个默许
每一阵静静的春天的激动
都成为一朵小花的生日

我还想画下未来

我没见过她，也不可能

但知道她很美

我画下她秋天的风衣

画下那些燃烧的烛火和枫叶

画下许多因为爱她

而熄灭的心

画下婚礼

画下一个个早早醒来的节日——

上面贴着玻璃糖纸

和北方童话的插图

我是一个任性的孩子

我想涂去一切不幸

我想在大地上

画满窗子

让所有习惯黑暗的眼睛

都习惯光明

我想画下风

画下一架比一架更高大的山岭

画下东方民族的渴望

画下大海——

无边无际愉快的声音

最后，在纸角上
我还想画下自己
画下一只树熊
他坐在维多利亚深色的丛林里
坐在安安静静的树枝上
发愣
他没有家
没有一颗留在远处的心
他只有，许许多多
浆果一样的梦
和很大很大的眼睛

我在希望
在想
但不知为什么
我没有领到蜡笔
没有得到一个彩色的时刻
我只有我
我的手指和创痛

只有撕碎那一张张

心爱的白纸

让它们去寻找蝴蝶

让它们从今天消失

我是一个孩子

一个被幻想妈妈宠坏的孩子

我任性

延展练习：即兴训练。分别选择三个不同的时间，主动表达对母亲的感激之情，觉得对不起母亲或者做得不好的地方，以及对母亲不满意的地方，大胆而真诚地交流，真正发自内心而非表演。

练习提示：《大堰河——我的保姆》是现代诗人艾青的代表作。艾青出生时难产，一位算命先生说他"命克父母"，因此他被送到本村一位贫苦农妇大堰河家抚养。艾青在大堰河家里住了5年，5岁时被领回家中。1932年，艾青因为参加进步活动被关进监狱。次年1月的一天，艾青看到牢房窗外飘起的雪花，想起了长眠于地下的保姆——大堰河，便挥笔写下了这首带有自传性质的长篇抒情诗。在这首诗里，诗人以幼年生活为背景，选取了大堰河的若干生活片段和一系列细节，多侧面展示了大堰河丰富的个性，赞美了大堰河勤劳、善良、淳朴、乐观、无私的品德，抒发了对大堰河真挚的怀念和热情的赞美之情。

全诗不押韵，各段的句数也不尽相同，但每段首尾呼应，各段之间有着强烈的内在联系。诗歌不追求诗的韵脚和行数，但排比的恰当运用，使诸多意象繁而不乱、统一和谐。这些使得诗歌流畅浅易，并且蕴蓄着丰富的内容。另外，诗人善于从平凡的生活中提炼出典型的意象，以散文似的诗句谱写出强烈的节奏，使诗歌具有奔放的气势和优美流畅的节奏，表达了诗人来不可遏、去不可止的强烈感情。

综合以上分析，读这首诗时感情要真挚、朴实、自然，根据每节诗的内容来确定节奏的缓急，确定或依恋、或同情、或愤怒、或赞美的感情色彩。

大堰河——我的保姆

艾 青

大堰河，是我的保姆。
她的名字就是生她的村庄的名字，
她是童养媳，
大堰河，是我的保姆。

我是地主的儿子；
也是吃了大堰河的奶而长大了的
大堰河的儿子。
大堰河以养育我而养育她的家，
而我，是吃了你的奶而被养育了的，
大堰河啊，我的保姆。

大堰河，今天我看到雪使我想起了你：
你的被雪压着的草盖的坟墓，
你的关闭了的故居檐头的枯死的瓦菲，

你的被典押了的一丈平方的园地，

你的门前的长了青苔的石椅，

大堰河，今天我看到雪使我想起了你。

你用你厚大的手掌把我抱在怀里，抚摸我；

在你搭好了灶火之后，

在你拍去了围裙上的炭灰之后，

在你尝到饭已煮熟了之后，

在你把乌黑的酱碗放到乌黑的桌子上之后，

在你补好了儿子们的为山腰的荆棘扯破的衣服之后，

在你把小儿被柴刀砍伤了的手包好之后，

在你把夫儿们的衬衣上的虱子一颗颗的掐死之后，

在你拿起了今天的第一颗鸡蛋之后，

你用你厚大的手掌把我抱在怀里，抚摸我。

我是地主的儿子，

在我吃光了你大堰河的奶之后，

我被生我的父母领回到自己的家里。

啊，大堰河，你为什么要哭？

我做了生我的父母家里的新客了！
我摸着红漆雕花的家具，
我摸着父母的睡床上金色的花纹，
我呆呆地看着檐头的我不认得的"天伦叙乐"的匾，
我摸着新换上的衣服的丝的和贝壳的纽扣，
我看着母亲怀里的不熟识的妹妹，
我坐着油漆过的安了火钵的炕凳，
我吃着碾了三番的白米的饭，
但，我是这般忸怩不安！因为我
我做了生我的父母家里的新客了。

大堰河，为了生活，
在她流尽了她的乳液之后，
她就开始用抱过我的两臂劳动了；
她含着笑，洗着我们的衣服，
她含着笑，提着菜篮到村边的结冰的池塘去，

她含着笑，切着冰屑悉索的萝卜，
她含着笑，用手掏着猪吃的麦糟，
她含着笑，扇着炖肉的炉子的火，
她含着笑，背了团箕到广场上去
晒好那些大豆和小麦，
大堰河，为了生活，
在她流尽了她的乳液之后，
她就用抱过我的两臂，劳动了。

大堰河，深爱着她的乳儿；
在年节里，为了他，忙着切那冬米的糖，
为了他，常悄悄地走到村边的她的家里去，
为了他，走到她的身边叫一声"妈"，
大堰河，把他画的大红大绿的关云长
贴在灶边的墙上，
大堰河，会对她的邻居夸口赞美她的乳儿；
大堰河曾做了一个不能对人说的梦：
在梦里，她吃着她的乳儿的婚酒，
坐在辉煌的结彩的堂上，

而她的娇美的媳妇亲切地叫她"婆婆"

······ ······

大堰河，深爱她的乳儿！

大堰河，在她的梦没有做醒的时候已死了。

她死时，乳儿不在她的旁侧，

她死时，平时打骂她的丈夫也为她流泪，

五个儿子，个个哭得很悲，

她死时，轻轻地呼着她的乳儿的名字，

大堰河，已死了，

她死时，乳儿不在她的旁侧。

大堰河，含泪地去了！

同着四十几年的人世生活的凌侮，

同着数不尽的奴隶的凄苦，

同着四块钱的棺材和几束稻草，

同着几尺长方的埋棺材的土地，

同着一手把的纸钱的灰，

大堰河，她含泪地去了。

这是大堰河所不知道的：
她的醉酒的丈夫已死去，
大儿做了土匪，
第二个死在炮火的烟里，
第三，第四，第五
在师傅和地主的叱骂声里过着日子。
而我，我是在写着给予这不公道的世界的咒语。
当我经了长长的漂泊回到故土时，
在山腰里，田野上，
兄弟们碰见时，是比六七年前更要亲密！
这，这是为你，静静地睡着的大堰河
所不知道的啊！

大堰河，今天，你的乳儿是在狱里，
写着一首呈给你的赞美诗，
呈给你黄土下紫色的灵魂，
呈给你拥抱过我的直伸着的手，

呈给你吻过我的唇，

呈给你泥黑的温柔的脸颜，

呈给你养育了我的乳房，

呈给你的儿子们，我的兄弟们，

呈给大地上一切的，

我的大堰河般的保姆和她们的儿子，

呈给爱我如爱她自己的儿子般的大堰河。

大堰河，

我是吃了你的奶而长大了的

你的儿子，

我敬你

爱你！

延展练习： 进行情绪记忆，作为情绪呼唤练习，思考诗人思念亲人的心情，越详细越充分越好。

练习提示： 这一首诗的朗诵处理，应将内心节奏上汹涌的冲动与外部节奏上的字字沉重相结合，形成一种类似于作用力和反作用力的纠结感。要将自己所有的情感、可以唤起的记忆都投入自己的内心，形成有情感支撑的表达。在朗诵前，请大家和我一起想象这样一幅画面：一位历尽沧桑的老人，面对故乡冀东平原那一望无际的原野在凝思，夜晚安静得连一根绣花针掉在地上都可以听见，没有人会忍心打扰老人。老人对故土、对童年、对亲人的思念之情，随着记忆中那轻轻的蟋蟀的鸣叫，由远及近，逐渐清晰起来……

蟋 蟀

李瑛

产后的田野疲倦地睡了

喧闹如雨的秋声已经退去

夜，只剩一个最瘦的音符

执着地留下来

代替油盏，跳在

秋的深处，夜的深处，梦的深处

轻轻的，胆怯的

一只没有家，没有寒衣的蟋蟀

躲在我庭院的角落

挣扎地颤动着羽翅

如一根最红的金属丝

从它生命的最深处抽出来

颤抖在落叶霜风里

会叫的白露

会叫的霜花

是我童年从豆秧下捉到的那一只吗

养在陶罐用划茎拨动它的长须

现在，我的童年早已枯萎

而今，我孤凄的叫声

像敲打着我永远不会开启的门

震撼着我多风多雨的六十个寒暑

六十年和今天的距离只有几米

但我不能回去

在秋的深处，夜的深处，梦的深处

一丝凄清的纤细的鸣叫

犹如从遥远传来的回声

激起我心头满海的涛涌

延展练习：情景再现联想，每个人用 5 ～ 7 分钟的时间，选择一个自己熟悉的场景，慢慢回忆当时的每一个细节，然后用 3 分钟的时间具体描述出来，紧接着用 2 分钟的时间表达关于这一场景自己内心的感受和情绪。

在本册中，我用了大量的篇幅来规范大家的发声状态，通过配上针对性较强的资料，相信你也在逐渐发现自己声音状态的调整和改变。朗诵这一部分，我从格律诗、古体诗、词以及现代自由体诗歌四个方面展开，旨在和大家一起感悟朗诵的真正乐趣。另外，我希望大家能够充分利用材料，除了理解书里的内容，还要坚持每天开口练习，以获得更大的进步。